中华人民共和国公务员法

附配套规定

中国法制出版社

目　录

中华人民共和国公务员法

（2005 年 4 月 27 日第十届全国人民代表大会常务委员会第十五次会议通过　根据 2017 年 9 月 1 日第十二届全国人民代表大会常务委员会第二十九次会议《关于修改〈中华人民共和国法官法〉等八部法律的决定》修正　2018 年 12 月 29 日第十三届全国人民代表大会常务委员会第七次会议修订　2018 年 12 月 29 日中华人民共和国主席令第 20 号公布　自 2019 年 6 月 1 日起施行）

目　　录

第一章　总　　则

第一条　【立法目的】[1] 为了规范公务员的管

① 条文主旨为编者所加，下同。

理，保障公务员的合法权益，加强对公务员的监督，促进公务员正确履职尽责，建设信念坚定、为民服务、勤政务实、敢于担当、清正廉洁的高素质专业化公务员队伍，根据宪法，制定本法。

第二条　【公务员定义】本法所称公务员，是指依法履行公职、纳入国家行政编制、由国家财政负担工资福利的工作人员。

公务员是干部队伍的重要组成部分，是社会主义事业的中坚力量，是人民的公仆。

第三条　【适用范围】公务员的义务、权利和管理，适用本法。

法律对公务员中领导成员的产生、任免、监督以及监察官、法官、检察官等的义务、权利和管理另有规定的，从其规定。

第四条　【指导思想和政治原则】公务员制度坚持中国共产党领导，坚持以马克思列宁主义、毛泽东思想、邓小平理论、“三个代表”重要思想、科学发展观、习近平新时代中国特色社会主义思想为指导，贯彻社会主义初级阶段的基本路线，贯彻新时代中国共产党的组织路线，坚持党管干部原则。

第五条　【公开、平等、竞争、择优管理原则】公务员的管理，坚持公开、平等、竞争、择优的原则，依照法定的权限、条件、标准和程序进行。

第六条　【监督约束与激励保障并重原则】公务员的管理，坚持监督约束与激励保障并重的原则。

第七条　【公务员的任用原则】公务员的任用，坚持德才兼备、以德为先，坚持五湖四海、任人唯贤，坚持事业为上、公道正派，突出政治标准，注重工作实绩。

第八条　【分类管理、效能原则】国家对公务员实行分类管理，提高管理效能和科学化水平。

第九条　【宪法宣誓】公务员就职时应当依照法律规定公开进行宪法宣誓。

第十条　【法律保护原则】公务员依法履行职责的行为，受法律保护。

第十一条　【工资福利保险等待遇的经费保障】公务员工资、福利、保险以及录用、奖励、培训、辞退等所需经费，列入财政预算，予以保障。

第十二条　【管理机关】中央公务员主管部门负责全国公务员的综合管理工作。县级以上地方各级公务员主管部门负责本辖区内公务员的综合管理工作。上级公务员主管部门指导下级公务员主管部门的公务员管理工作。各级公务员主管部门指导同级各机关的公务员管理工作。

第二章　公务员的条件、义务与权利

第十三条　【公务员的条件】公务员应当具备下列条件：

（一）具有中华人民共和国国籍；

（二）年满十八周岁；

（三）拥护中华人民共和国宪法，拥护中国共产党领导和社会主义制度；

（四）具有良好的政治素质和道德品行；

（五）具有正常履行职责的身体条件和心理素质；

（六）具有符合职位要求的文化程度和工作能力；

（七）法律规定的其他条件。

第十四条　【公务员的义务】公务员应当履行下列义务：

（一）忠于宪法，模范遵守、自觉维护宪法和法律，自觉接受中国共产党领导；

（二）忠于国家，维护国家的安全、荣誉和利益；

（三）忠于人民，全心全意为人民服务，接受人民监督；

（四）忠于职守，勤勉尽责，服从和执行上级依法作出的决定和命令，按照规定的权限和程序履行职责，努力提高工作质量和效率；

（五）保守国家秘密和工作秘密；

（六）带头践行社会主义核心价值观，坚守法治，遵守纪律，恪守职业道德，模范遵守社会公德、家庭美德；

（七）清正廉洁，公道正派；

（八）法律规定的其他义务。

第十五条　【公务员的权利】公务员享有下列权利：

（一）获得履行职责应当具有的工作条件；

（二）非因法定事由、非经法定程序，不被免职、降职、辞退或者处分；

（三）获得工资报酬，享受福利、保险待遇；

（四）参加培训；

（五）对机关工作和领导人员提出批评和建议；

（六）提出申诉和控告；

（七）申请辞职；

（八）法律规定的其他权利。

第三章　职务、职级与级别

第十六条　【职位分类制度】国家实行公务员职位分类制度。

公务员职位类别按照公务员职位的性质、特点和管理需要，划分为综合管理类、专业技术类和行政执法类等类别。根据本法，对于具有职位特殊性，需要单独管理的，可以增设其他职位类别。各职位类别的适用范围由国家另行规定。

第十七条　【职务序列设置的根据】国家实行公务员职务与职级并行制度，根据公务员职位类别和职责设置公务员领导职务、职级序列。

第十八条　【领导职务层次】公务员领导职务根据宪法、有关法律和机构规格设置。

领导职务层次分为：国家级正职、国家级副职、省部级正职、省部级副职、厅局级正职、厅局级副职、县处级正职、县处级副职、乡科级正职、乡科级副职。

第十九条　【职级序列】公务员职级在厅局级以下设置。

综合管理类公务员职级序列分为：一级巡视员、二级巡视员、一级调研员、二级调研员、三级调研员、四级调研员、一级主任科员、二级主任科员、三级主任科员、四级主任科员、一级科员、二级科员。

综合管理类以外其他职位类别公务员的职级序列，根据本法由国家另行规定。

第二十条　【具体职位的设置】各机关依照确定的职能、规格、编制限额、职数以及结构比例，设置本机关公务员的具体职位，并确定各职位的工作职责和任职资格条件。

第二十一条　【公务员的级别】公务员的领导职务、职级应当对应相应的级别。公务员领导职务、职级与级别的对应关系，由国家规定。

根据工作需要和领导职务与职级的对应关系，公务员担任的领导职务和职级可以互相转任、兼任；符合规定资格条件的，可以晋升领导职务或者职级。

公务员的级别根据所任领导职务、职级及其德才表现、工作实绩和资历确定。公务员在同一领导职务、职级上，可以按照国家规定晋升级别。

公务员的领导职务、职级与级别是确定公务员工资以及其他待遇的依据。

第二十二条　【衔级制度】国家根据人民警察、消防救援人员以及海关、驻外外交机构等公务员的工作特点，设置与其领导职务、职级相对应的衔级。

第四章　录　　用

第二十三条　【一级主任科员以下公务员的录用】录用担任一级主任科员以下及其他相当职级层次的公务员，采取公开考试、严格考察、平等竞争、择优录取的办法。

民族自治地方依照前款规定录用公务员时，依照法律和有关规定对少数民族报考者予以适当照顾。

第二十四条　【公务员录用部门】中央机关及其直属机构公务员的录用，由中央公务员主管部门负责组织。地方各级机关公务员的录用，由省级公务员主管部门负责组织，必要时省级公务员主管部门可以授权设区的市级公务员主管部门组织。

第二十五条　【报考条件】报考公务员，除应当具备本法第十三条规定的条件以外，还应当具备省级以上公务员主管部门规定的拟任职位所要求的资格条件。

国家对行政机关中初次从事行政处罚决定审核、行政复议、行政裁决、法律顾问的公务员实行统一法律职业资格考试制度，由国务院司法行政部门商有关部门组织实施。

第二十六条　【不得录用的情形】下列人员不得录用为公务员：

（一）因犯罪受过刑事处罚的；

（二）被开除中国共产党党籍的；

（三）被开除公职的；

（四）被依法列为失信联合惩戒对象的；

（五）有法律规定不得录用为公务员的其他情形的。

第二十七条　【录用前提】录用公务员，应当在规定的编制限额内，并有相应的职位空缺。

第二十八条　【招考公告】录用公务员，应当发布招考公告。招考公告应当载明招考的职位、名额、报考资格条件、报考需要提交的申请材料以及其他报考须知事项。

招录机关应当采取措施，便利公民报考。

第二十九条　【对报考申请的审查】招录机关根据报考资格条件对报考申请进行审查。报考者提交的申请材料应当真实、准确。

第三十条　【考试方式和内容】公务员录用考试采取笔试和面试等方式进行，考试内容根据公务员应当具备的基本能力和不同职位类别、不同层级机关分别设置。

第三十一条　【复审、考察和体检】招录机关根据考试成绩确定考察人选，并进行报考资格复审、考察和体检。

体检的项目和标准根据职位要求确定。具体办法由中央公务员主管部门会同国务院卫生健康行政部门规定。

第三十二条　【公示】招录机关根据考试成绩、考察情况和体检结果，提出拟录用人员名单，并予以公示。公示期不少于五个工作日。

公示期满，中央一级招录机关应当将拟录用人员名单报中央公务员主管部门备案；地方各级招录机关应当将拟录用人员名单报省级或者设区的市级公务员主管部门审批。

第三十三条　【特殊职位录用】录用特殊职位的公务员，经省级以上公务员主管部门批准，可以简化程序或者采用其他测评办法。

第三十四条　【试用期】新录用的公务员试用期为一年。试用期满合格的，予以任职；不合格的，取消录用。

第五章　考　　核

第三十五条　【考核内容】公务员的考核应当按照管理权限，全面考核公务员的德、能、勤、绩、廉，重点考核政治素质和工作实绩。考核指标根据不同职位类别、不同层级机关分别设置。

第三十六条　【考核方式】公务员的考核分为平时考核、专项考核和定期考核等方式。定期考核以平时考核、专项考核为基础。

第三十七条　【定期考核的程序】非领导成员公务员的定期考核采取年度考核的方式。先由个人按照职位职责和有关要求进行总结，主管领导在听取群众意见后，提出考核等次建议，由本机关负责人或者授权的考核委员会确定考核等次。

领导成员的考核由主管机关按照有关规定办理。

第三十八条　【定期考核的结果】定期考核的结果分为优秀、称职、基本称职和不称职四个等次。

定期考核的结果应当以书面形式通知公务员本人。

第三十九条　【定期考核结果的作用】定期考核的结果作为调整公务员职位、职务、职级、级别、工资以及公务员奖励、培训、辞退的依据。

第六章　职务、职级任免

第四十条　【任职方式】公务员领导职务实行选任制、委任制和聘任制。公务员职级实行委任制和聘任制。

领导成员职务按照国家规定实行任期制。

第四十一条　【选任制公务员任免】选任制公务员在选举结果生效时即任当选职务；任期届满不再连任或者任期内辞职、被罢免、被撤职的，其所任职务即终止。

第四十二条　【委任制公务员任免】委任制公务员试用期满考核合格，职务、职级发生变化，以及其他情形需要任免职务、职级的，应当按照管理权限和规定的程序任免。

第四十三条　【任职前提】公务员任职应当在规定的编制限额和职数内进行，并有相应的职位空缺。

第四十四条　【公务员兼职】公务员因工作需要在机关外兼职，应当经有关机关批准，并不得领取兼职报酬。

第七章　职务、职级升降

第四十五条　【领导职务晋升的条件和方式】公务员晋升领导职务，应当具备拟任职务所要求的政治素质、工作能力、文化程度和任职经历等方面的条件和资格。

公务员领导职务应当逐级晋升。特别优秀的或者工作特殊需要的，可以按照规定破格或者越级晋升。

第四十六条　【领导职务晋升的程序】公务员晋升领导职务，按照下列程序办理：

（一）动议；

（二）民主推荐；

（三）确定考察对象，组织考察；

（四）按照管理权限讨论决定；

（五）履行任职手续。

第四十七条　【职务空缺时任职人选产生方式】厅局级正职以下领导职务出现空缺且本机关没有合适人选的，可以通过适当方式面向社会选拔任职人选。

第四十八条　【领导职务任前公示和任职试用期】公务员晋升领导职务的，应当按照有关规定实行任职前公示制度和任职试用期制度。

第四十九条　【逐级晋升】公务员职级应当逐级晋升，根据个人德才表现、工作实绩和任职资历，参考民主推荐或者民主测评结果确定人选，经公示后，按照管理权限审批。

第五十条　【降职】公务员的职务、职级实行能上能下。对不适宜或者不胜任现任职务、职级的，应当进行调整。

公务员在年度考核中被确定为不称职的，按照规定程序降低一个职务或者职级层次任职。

第八章　奖　　励

第五十一条　【奖励的条件和方式】对工作表现突出，有显著成绩和贡献，或者有其他突出事迹的公务员或者公务员集体，给予奖励。奖励坚持定期奖励与及时奖励相结合，精神奖励与物质奖励相结合、以精神奖励为主的原则。

公务员集体的奖励适用于按照编制序列设置的机构或者为完成专项任务组成的工作集体。

第五十二条　【应予奖励的情形】公务员或者公务员集体有下列情形之一的，给予奖励：

（一）忠于职守，积极工作，勇于担当，工作实绩显著的；

（二）遵纪守法，廉洁奉公，作风正派，办事公道，模范作用突出的；

（三）在工作中有发明创造或者提出合理化建议，取得显著经济效益或者社会效益的；

（四）为增进民族团结，维护社会稳定做出突出贡献的；

（五）爱护公共财产，节约国家资财有突出成绩的；

（六）防止或者消除事故有功，使国家和人民群众利益免受或者减少损失的；

（七）在抢险、救灾等特定环境中做出突出贡献的；

（八）同违纪违法行为作斗争有功绩的；

（九）在对外交往中为国家争得荣誉和利益的；

（十）有其他突出功绩的。

第五十三条 【奖励的种类】 奖励分为：嘉奖、记三等功、记二等功、记一等功、授予称号。

对受奖励的公务员或者公务员集体予以表彰，并对受奖励的个人给予一次性奖金或者其他待遇。

第五十四条 【奖励的程序】 给予公务员或者公务员集体奖励，按照规定的权限和程序决定或者审批。

第五十五条 【重大工作的奖励】 按照国家规定，可以向参与特定时期、特定领域重大工作的公务员颁发纪念证书或者纪念章。

第五十六条 【撤销奖励的情形】公务员或者公务员集体有下列情形之一的，撤销奖励：

（一）弄虚作假，骗取奖励的；

（二）申报奖励时隐瞒严重错误或者严重违反规定程序的；

（三）有严重违纪违法等行为，影响称号声誉的；

（四）有法律、法规规定应当撤销奖励的其他情形的。

第九章 监督与惩戒

第五十七条 【日常管理监督制度】机关应当对公务员的思想政治、履行职责、作风表现、遵纪守法等情况进行监督，开展勤政廉政教育，建立日常管理监督制度。

对公务员监督发现问题的，应当区分不同情况，予以谈话提醒、批评教育、责令检查、诫勉、组织调整、处分。

对公务员涉嫌职务违法和职务犯罪的，应当依法移送监察机关处理。

第五十八条　【请示报告】公务员应当自觉接受监督，按照规定请示报告工作、报告个人有关事项。

第五十九条　【违纪行为】公务员应当遵纪守法，不得有下列行为：

（一）散布有损宪法权威、中国共产党和国家声誉的言论，组织或者参加旨在反对宪法、中国共产党领导和国家的集会、游行、示威等活动；

（二）组织或者参加非法组织，组织或者参加罢工；

（三）挑拨、破坏民族关系，参加民族分裂活动或者组织、利用宗教活动破坏民族团结和社会稳定；

（四）不担当，不作为，玩忽职守，贻误工作；

（五）拒绝执行上级依法作出的决定和命令；

（六）对批评、申诉、控告、检举进行压制或者打击报复；

（七）弄虚作假，误导、欺骗领导和公众；

（八）贪污贿赂，利用职务之便为自己或者他人谋取私利；

（九）违反财经纪律，浪费国家资财；

（十）滥用职权，侵害公民、法人或者其他组织的合法权益；

（十一）泄露国家秘密或者工作秘密；

（十二）在对外交往中损害国家荣誉和利益；

（十三）参与或者支持色情、吸毒、赌博、迷信等活动；

（十四）违反职业道德、社会公德和家庭美德；

（十五）违反有关规定参与禁止的网络传播行为或者网络活动；

（十六）违反有关规定从事或者参与营利性活动，在企业或者其他营利性组织中兼任职务；

（十七）旷工或者因公外出、请假期满无正当理由逾期不归；

（十八）违纪违法的其他行为。

第六十条　【对上级决定或命令有异议时的处理】公务员执行公务时，认为上级的决定或者命令有错误的，可以向上级提出改正或者撤销该决定或者命令的意见；上级不改变该决定或者命令，或者要求立即执行的，公务员应当执行该决定或者命令，执行的后果由上级负责，公务员不承担责任；但是，公务员执行明显违法的决定或者命令的，应当依法承担相应的责任。

第六十一条　【处分的实施】公务员因违纪违法应当承担纪律责任的，依照本法给予处分或者由监察机关依法给予政务处分；违纪违法行为情节轻微，经批评教育后改正的，可以免予处分。

对同一违纪违法行为，监察机关已经作出政务处分决定的，公务员所在机关不再给予处分。

第六十二条　【处分种类】处分分为：警告、记过、记大过、降级、撤职、开除。

第六十三条　【处分程序】对公务员的处分，应当事实清楚、证据确凿、定性准确、处理恰当、程序合法、手续完备。

公务员违纪违法的，应当由处分决定机关决定对公务员违纪违法的情况进行调查，并将调查认定的事实以及拟给予处分的依据告知公务员本人。公务员有权进行陈述和申辩；处分决定机关不得因公务员申辩而加重处分。

处分决定机关认为对公务员应当给予处分的，应当在规定的期限内，按照管理权限和规定的程序作出处分决定。处分决定应当以书面形式通知公务员本人。

第六十四条　【处分的后果和期间】公务员在受处分期间不得晋升职务、职级和级别，其中受记过、记大过、降级、撤职处分的，不得晋升工资档次。

受处分的期间为：警告，六个月；记过，十二个月；记大过，十八个月；降级、撤职，二十四个月。

受撤职处分的，按照规定降低级别。

第六十五条　【处分的解除】公务员受开除以外的处分，在受处分期间有悔改表现，并且没有再发生违纪违法行为的，处分期满后自动解除。

解除处分后，晋升工资档次、级别和职务、职级不再受原处分的影响。但是，解除降级、撤职处分的，不视为恢复原级别、原职务、原职级。

第十章　培　训

第六十六条　【培训方式和机构】机关根据公务员工作职责的要求和提高公务员素质的需要，对公务员进行分类分级培训。

国家建立专门的公务员培训机构。机关根据需要也可以委托其他培训机构承担公务员培训任务。

第六十七条　【培训种类】机关对新录用人员应当在试用期内进行初任培训；对晋升领导职务的公务员应当在任职前或者任职后一年内进行任职培训；对从事专项工作的公务员应当进行专门业务培训；对全体公务员应当进行提高政治素质和工作能力、更新知识的在职培训，其中对专业技术类公务员应当进行专业技术培训。

国家有计划地加强对优秀年轻公务员的培训。

第六十八条　【培训的管理、时间和结果】公务员的培训实行登记管理。

公务员参加培训的时间由公务员主管部门按照本法第六十七条规定的培训要求予以确定。

公务员培训情况、学习成绩作为公务员考核的内容和任职、晋升的依据之一。

第十一章　交流与回避

第六十九条　【公务员交流制度】国家实行公务员交流制度。

公务员可以在公务员和参照本法管理的工作人员

队伍内部交流，也可以与国有企业和不参照本法管理的事业单位中从事公务的人员交流。

交流的方式包括调任、转任。

第七十条　【调任】国有企业、高等院校和科研院所以及其他不参照本法管理的事业单位中从事公务的人员，可以调入机关担任领导职务或者四级调研员以上及其他相当层次的职级。

调任人选应当具备本法第十三条规定的条件和拟任职位所要求的资格条件，并不得有本法第二十六条规定的情形。调任机关应当根据上述规定，对调任人选进行严格考察，并按照管理权限审批，必要时可以对调任人选进行考试。

第七十一条　【转任】公务员在不同职位之间转任应当具备拟任职位所要求的资格条件，在规定的编制限额和职数内进行。

对省部级正职以下的领导成员应当有计划、有重点地实行跨地区、跨部门转任。

对担任机关内设机构领导职务和其他工作性质特殊的公务员，应当有计划地在本机关内转任。

上级机关应当注重从基层机关公开遴选公务员。

第七十二条 【挂职】根据工作需要，机关可以采取挂职方式选派公务员承担重大工程、重大项目、重点任务或者其他专项工作。

公务员在挂职期间，不改变与原机关的人事关系。

第七十三条 【服从交流决定】公务员应当服从机关的交流决定。

公务员本人申请交流的，按照管理权限审批。

第七十四条 【任职回避】公务员之间有夫妻关系、直系血亲关系、三代以内旁系血亲关系以及近姻亲关系的，不得在同一机关双方直接隶属于同一领导人员的职位或者有直接上下级领导关系的职位工作，也不得在其中一方担任领导职务的机关从事组织、人事、纪检、监察、审计和财务工作。

公务员不得在其配偶、子女及其配偶经营的企业、营利性组织的行业监管或者主管部门担任领导成员。

因地域或者工作性质特殊，需要变通执行任职回避的，由省级以上公务员主管部门规定。

第七十五条 【地域回避】公务员担任乡级机关、县级机关、设区的市级机关及其有关部门主要领导职务的，应当按照有关规定实行地域回避。

第七十六条 【公务回避】公务员执行公务时，有下列情形之一的，应当回避：

（一）涉及本人利害关系的；

（二）涉及与本人有本法第七十四条第一款所列亲属关系人员的利害关系的；

（三）其他可能影响公正执行公务的。

第七十七条 【回避的程序】公务员有应当回避情形的，本人应当申请回避；利害关系人有权申请公务员回避。其他人员可以向机关提供公务员需要回避的情况。

机关根据公务员本人或者利害关系人的申请，经审查后作出是否回避的决定，也可以不经申请直接作出回避决定。

第七十八条 【关于回避的其他法律规定】法律对公务员回避另有规定的，从其规定。

第十二章 工资、福利与保险

第七十九条 【工资制度】公务员实行国家统

一规定的工资制度。

公务员工资制度贯彻按劳分配的原则，体现工作职责、工作能力、工作实绩、资历等因素，保持不同领导职务、职级、级别之间的合理工资差距。

国家建立公务员工资的正常增长机制。

第八十条　【工资构成】公务员工资包括基本工资、津贴、补贴和奖金。

公务员按照国家规定享受地区附加津贴、艰苦边远地区津贴、岗位津贴等津贴。

公务员按照国家规定享受住房、医疗等补贴、补助。

公务员在定期考核中被确定为优秀、称职的，按照国家规定享受年终奖金。

公务员工资应当按时足额发放。

第八十一条　【工资水平的确定】公务员的工资水平应当与国民经济发展相协调、与社会进步相适应。

国家实行工资调查制度，定期进行公务员和企业相当人员工资水平的调查比较，并将工资调查比较结果作为调整公务员工资水平的依据。

第八十二条　【福利待遇】公务员按照国家规

定享受福利待遇。国家根据经济社会发展水平提高公务员的福利待遇。

公务员执行国家规定的工时制度，按照国家规定享受休假。公务员在法定工作日之外加班的，应当给予相应的补休，不能补休的按照国家规定给予补助。

第八十三条　【保险和抚恤优待】公务员依法参加社会保险，按照国家规定享受保险待遇。

公务员因公牺牲或者病故的，其亲属享受国家规定的抚恤和优待。

第八十四条　【工资福利保险待遇的法律保障】任何机关不得违反国家规定自行更改公务员工资、福利、保险政策，擅自提高或者降低公务员的工资、福利、保险待遇。任何机关不得扣减或者拖欠公务员的工资。

第十三章　辞职与辞退

第八十五条　【辞职程序】公务员辞去公职，应当向任免机关提出书面申请。任免机关应当自接到申请之日起三十日内予以审批，其中对领导成员辞去公职的申请，应当自接到申请之日起九十日内予以审批。

第八十六条　【不得辞职的情形】公务员有下列情形之一的，不得辞去公职：

（一）未满国家规定的最低服务年限的；

（二）在涉及国家秘密等特殊职位任职或者离开上述职位不满国家规定的脱密期限的；

（三）重要公务尚未处理完毕，且须由本人继续处理的；

（四）正在接受审计、纪律审查、监察调查，或者涉嫌犯罪，司法程序尚未终结的；

（五）法律、行政法规规定的其他不得辞去公职的情形。

第八十七条　【领导成员的辞职】担任领导职务的公务员，因工作变动依照法律规定需要辞去现任职务的，应当履行辞职手续。

担任领导职务的公务员，因个人或者其他原因，可以自愿提出辞去领导职务。

领导成员因工作严重失误、失职造成重大损失或者恶劣社会影响的，或者对重大事故负有领导责任的，应当引咎辞去领导职务。

领导成员因其他原因不再适合担任现任领导职务的，或者应当引咎辞职本人不提出辞职的，应当责令其辞去领导职务。

第八十八条　【应予辞退的情形】公务员有下列情形之一的，予以辞退：

（一）在年度考核中，连续两年被确定为不称职的；

（二）不胜任现职工作，又不接受其他安排的；

（三）因所在机关调整、撤销、合并或者缩减编制员额需要调整工作，本人拒绝合理安排的；

（四）不履行公务员义务，不遵守法律和公务员纪律，经教育仍无转变，不适合继续在机关工作，又不宜给予开除处分的；

（五）旷工或者因公外出、请假期满无正当理由逾期不归连续超过十五天，或者一年内累计超过三十天的。

第八十九条　【不得辞退的情形】对有下列情形之一的公务员，不得辞退：

（一）因公致残，被确认丧失或者部分丧失工作能力的；

（二）患病或者负伤，在规定的医疗期内的；

（三）女性公务员在孕期、产假、哺乳期内的；

（四）法律、行政法规规定的其他不得辞退的情形。

第九十条　【辞退程序及待遇】辞退公务员，按照管理权限决定。辞退决定应当以书面形式通知被辞退的公务员，并应当告知辞退依据和理由。

被辞退的公务员，可以领取辞退费或者根据国家有关规定享受失业保险。

第九十一条　【离职前的义务】公务员辞职或者被辞退，离职前应当办理公务交接手续，必要时按照规定接受审计。

第十四章　退　休

第九十二条　【退休条件】公务员达到国家规定的退休年龄或者完全丧失工作能力的，应当退休。

第九十三条　【提前退休的条件】公务员符合下列条件之一的，本人自愿提出申请，经任免机关批准，可以提前退休：

（一）工作年限满三十年的；

（二）距国家规定的退休年龄不足五年，且工作年限满二十年的；

（三）符合国家规定的可以提前退休的其他情形的。

第九十四条 【退休待遇】公务员退休后，享受国家规定的养老金和其他待遇，国家为其生活和健康提供必要的服务和帮助，鼓励发挥个人专长，参与社会发展。

第十五章 申诉与控告

第九十五条 【申请复核权和申诉权】公务员对涉及本人的下列人事处理不服的，可以自知道该人事处理之日起三十日内向原处理机关申请复核；对复核结果不服的，可以自接到复核决定之日起十五日内，按照规定向同级公务员主管部门或者作出该人事处理的机关的上一级机关提出申诉；也可以不经复核，自知道该人事处理之日起三十日内直接提出申诉：

（一）处分；

（二）辞退或者取消录用；

（三）降职；

（四）定期考核定为不称职；

（五）免职；

（六）申请辞职、提前退休未予批准；

（七）不按照规定确定或者扣减工资、福利、保险待遇；

（八）法律、法规规定可以申诉的其他情形。

对省级以下机关作出的申诉处理决定不服的，可以向作出处理决定的上一级机关提出再申诉。

受理公务员申诉的机关应当组成公务员申诉公正委员会，负责受理和审理公务员的申诉案件。

公务员对监察机关作出的涉及本人的处理决定不服向监察机关申请复审、复核的，按照有关规定办理。

第九十六条　【复核申请、申诉的处理期限】 原处理机关应当自接到复核申请书后的三十日内作出复核决定，并以书面形式告知申请人。受理公务员申诉的机关应当自受理之日起六十日内作出处理决定；案情复杂的，可以适当延长，但是延长时间不得超过三十日。

复核、申诉期间不停止人事处理的执行。

公务员不因申请复核、提出申诉而被加重处理。

第九十七条　【错误处理的纠正】公务员申诉的受理机关审查认定人事处理有错误的，原处理机关应当及时予以纠正。

第九十八条　【对侵权行为的控告】公务员认为机关及其领导人员侵犯其合法权益的，可以依法向上级机关或者监察机关提出控告。受理控告的机关应当按照规定及时处理。

第九十九条　【对申诉、控告的限制】公务员提出申诉、控告，应当尊重事实，不得捏造事实，诬告、陷害他人。对捏造事实，诬告、陷害他人的，依法追究法律责任。

第十六章　职位聘任

第一百条　【聘任条件】机关根据工作需要，经省级以上公务员主管部门批准，可以对专业性较强的职位和辅助性职位实行聘任制。

前款所列职位涉及国家秘密的，不实行聘任制。

第一百零一条 【聘任方式】机关聘任公务员可以参照公务员考试录用的程序进行公开招聘，也可以从符合条件的人员中直接选聘。

机关聘任公务员应当在规定的编制限额和工资经费限额内进行。

第一百零二条 【聘任合同】机关聘任公务员，应当按照平等自愿、协商一致的原则，签订书面的聘任合同，确定机关与所聘公务员双方的权利、义务。聘任合同经双方协商一致可以变更或者解除。

聘任合同的签订、变更或者解除，应当报同级公务员主管部门备案。

第一百零三条 【聘任合同内容】聘任合同应当具备合同期限，职位及其职责要求，工资、福利、保险待遇，违约责任等条款。

聘任合同期限为一年至五年。聘任合同可以约定试用期，试用期为一个月至十二个月。

聘任制公务员实行协议工资制，具体办法由中央公务员主管部门规定。

第一百零四条 【聘任公务员管理依据】机关

依据本法和聘任合同对所聘公务员进行管理。

第一百零五条　【人事争议仲裁】聘任制公务员与所在机关之间因履行聘任合同发生争议的，可以自争议发生之日起六十日内申请仲裁。

省级以上公务员主管部门根据需要设立人事争议仲裁委员会，受理仲裁申请。人事争议仲裁委员会由公务员主管部门的代表、聘用机关的代表、聘任制公务员的代表以及法律专家组成。

当事人对仲裁裁决不服的，可以自接到仲裁裁决书之日起十五日内向人民法院提起诉讼。仲裁裁决生效后，一方当事人不履行的，另一方当事人可以申请人民法院执行。

第十七章　法律责任

第一百零六条　【违反本法规定的行为及法律责任】对有下列违反本法规定情形的，由县级以上领导机关或者公务员主管部门按照管理权限，区别不同情况，分别予以责令纠正或者宣布无效；对负有责任的领导人员和直接责任人员，根据情节轻重，给予批评教育、责令检查、诫勉、组织调整、处分；构成犯罪的，依法追究刑事责任：

（一）不按照编制限额、职数或者任职资格条件进行公务员录用、调任、转任、聘任和晋升的；

（二）不按照规定条件进行公务员奖惩、回避和办理退休的；

（三）不按照规定程序进行公务员录用、调任、转任、聘任、晋升以及考核、奖惩的；

（四）违反国家规定，更改公务员工资、福利、保险待遇标准的；

（五）在录用、公开遴选等工作中发生泄露试题、违反考场纪律以及其他严重影响公开、公正行为的；

（六）不按照规定受理和处理公务员申诉、控告的；

（七）违反本法规定的其他情形的。

第一百零七条　【离职后的执业禁止】公务员辞去公职或者退休的，原系领导成员、县处级以上领导职务的公务员在离职三年内，其他公务员在离职两年内，不得到与原工作业务直接相关的企业或者其他营利性组织任职，不得从事与原工作业务直接相关的营利性活动。

公务员辞去公职或者退休后有违反前款规定行为的，由其原所在机关的同级公务员主管部门责令限期改正；逾期不改正的，由县级以上市场监管部门没收该人员从业期间的违法所得，责令接收单位将该人员予以清退，并根据情节轻重，对接收单位处以被处罚人员违法所得一倍以上五倍以下的罚款。

第一百零八条　【公务员主管部门工作人员违反规定的处理】公务员主管部门的工作人员，违反本法规定，滥用职权、玩忽职守、徇私舞弊，构成犯罪的，依法追究刑事责任；尚不构成犯罪的，给予处分或者由监察机关依法给予政务处分。

第一百零九条　【公务员录用、聘任工作中违反规定的处理】在公务员录用、聘任等工作中，有隐瞒真实信息、弄虚作假、考试作弊、扰乱考试秩序等行为的，由公务员主管部门根据情节作出考试成绩无效、取消资格、限制报考等处理；情节严重的，依法追究法律责任。

第一百一十条　【机关对公务员造成损害的责任承担】机关因错误的人事处理对公务员造成名誉

损害的，应当赔礼道歉、恢复名誉、消除影响；造成经济损失的，应当依法给予赔偿。

第十八章　附　　则

第一百一十一条　【领导成员的定义】 本法所称领导成员，是指机关的领导人员，不包括机关内设机构担任领导职务的人员。

第一百一十二条　【参照本法管理的其他人员】 法律、法规授权的具有公共事务管理职能的事业单位中除工勤人员以外的工作人员，经批准参照本法进行管理。

第一百一十三条　【实施日期】 本法自 2019 年 6 月 1 日起施行。

附：

公务员范围规定

（2019 年 12 月 23 日中共中央组织部制定　2020 年 3 月 3 日发布）

第一条　为了明确公务员范围，规范公务员管理，建设信念坚定、为民服务、勤政务实、敢于担当、清正廉洁的高素质专业化公务员队伍，根据《中华人民共和国公务员法》等有关法律法规，制定本规定。

第二条　公务员范围确定坚持以马克思列宁主义、毛泽东思想、邓小平理论、“三个代表”重要思想、科学发展观、习近平新时代中国特色社会主义思想为指导，贯彻新时代中国共产党的组织路线，坚持党管干部原则，加强党对公务员队伍的集中统一领导，从中国国情出发，体现我国政治制度的特色，符合干部人事管理的实际。

第三条　公务员是干部队伍的重要组成部分，是社会主义事业的中坚力量，是人民的公仆。列入公务员范围的工作人员必须同时符合下列条件：

（一）依法履行公职；

（二）纳入国家行政编制；

（三）由国家财政负担工资福利。

第四条 下列机关中除工勤人员以外的工作人员列入公务员范围：

（一）中国共产党各级机关；

（二）各级人民代表大会及其常务委员会机关；

（三）各级行政机关；

（四）中国人民政治协商会议各级委员会机关；

（五）各级监察机关；

（六）各级审判机关；

（七）各级检察机关；

（八）各民主党派和工商联的各级机关。

第五条 中国共产党各级机关中列入公务员范围的人员：

（一）中央和地方各级党委、纪律检查委员会的领导人员；

（二）中央和地方各级党委工作部门、办事机构和派出机构的工作人员；

（三）中央和地方各级纪律检查委员会机关及其向党和国家机关等派驻或者派出机构的工作人员；

（四）街道、乡、镇党委机关的工作人员。

第六条 各级人民代表大会及其常务委员会机关中列入公务员范围的人员：

（一）县级以上各级人民代表大会常务委员会领导人员，乡、镇人民代表大会主席、副主席；

（二）县级以上各级人民代表大会常务委员会工作机构和办事机构的工作人员；

（三）县级以上各级人民代表大会专门委员会办事机构的工作人员。

第七条 各级行政机关中列入公务员范围的人员：

（一）各级人民政府的领导人员；

（二）县级以上各级人民政府工作部门和派出机构的工作人员；

（三）乡、镇人民政府机关的工作人员。

第八条 中国人民政治协商会议各级委员会机关中列入公务员范围的人员：

（一）中国人民政治协商会议各级委员会的领导人员；

（二）中国人民政治协商会议各级委员会工作机构的工作人员。

第九条　各级监察机关中列入公务员范围的人员：

（一）国家和地方各级监察委员会的领导人员；

（二）国家和地方各级监察委员会机关及其向党和国家机关等派驻或者派出机构的工作人员。

第十条　各级审判机关中列入公务员范围的人员：

（一）最高人民法院和地方各级人民法院的法官、审判辅助人员；

（二）最高人民法院和地方各级人民法院的司法行政人员。

第十一条　各级检察机关中列入公务员范围的人员：

（一）最高人民检察院和地方各级人民检察院的检察官、检察辅助人员；

（二）最高人民检察院和地方各级人民检察院的

司法行政人员。

第十二条 各民主党派和工商联的各级机关中列入公务员范围的人员：

（一）中国国民党革命委员会中央和地方各级委员会的领导人员，工作机构的工作人员；

（二）中国民主同盟中央和地方各级委员会的领导人员，工作机构的工作人员；

（三）中国民主建国会中央和地方各级委员会的领导人员，工作机构的工作人员；

（四）中国民主促进会中央和地方各级委员会的领导人员，工作机构的工作人员；

（五）中国农工民主党中央和地方各级委员会的领导人员，工作机构的工作人员；

（六）中国致公党中央和地方各级委员会的领导人员，工作机构的工作人员；

（七）九三学社中央和地方各级委员会的领导人员，工作机构的工作人员；

（八）台湾民主自治同盟中央和地方各级委员会的领导人员，工作机构的工作人员。

中华全国工商业联合会和地方各级工商联的领导

人员，工作机构的工作人员。

第十三条 下列人员人事关系所在部门和单位不属于本规定第四条所列机关的，不列入公务员范围：

（一）中国共产党的各级代表大会代表、委员会委员、委员会候补委员、纪律检查委员会委员；

（二）各级人民代表大会代表、常务委员会组成人员、专门委员会成员；

（三）中国人民政治协商会议各级委员会常务委员、委员；

（四）各民主党派中央和地方各级委员会委员、常委和专门委员会成员。中华全国工商业联合会和地方工商联执行委员、常务委员会成员和专门委员会成员。

第十四条 列入公务员范围的人员按照有关规定登记后，方可确定为公务员。

第十五条 本规定由中共中央组织部负责解释。

第十六条 本规定自发布之日起施行，2006 年 4 月 9 日中共中央、国务院印发的《〈中华人民共和国公务员法〉实施方案》附件一《公务员范围规定》同时废止。

公务员登记办法

（2019 年 12 月 23 日中共中央组织部制定　2020 年 3 月 3 日发布）

第一条　为了规范公务员登记，依法确定公务员身份，建设信念坚定、为民服务、勤政务实、敢于担当、清正廉洁的高素质专业化公务员队伍，根据《中华人民共和国公务员法》（以下简称公务员法）等有关法律法规，制定本办法。

第二条　公务员登记坚持以马克思列宁主义、毛泽东思想、邓小平理论、“三个代表”重要思想、科学发展观、习近平新时代中国特色社会主义思想为指导，贯彻新时代中国共产党的组织路线，坚持党管干部原则，加强党对公务员队伍的集中统一领导，坚持依法依规、分级负责、及时准确。

第三条　公务员登记采取各级机关统一组织的形

式，由各级机关按照规定的程序确定登记对象、填写《公务员登记表》，报审核、审批及备案机关。

第四条 公务员登记应当在国家行政编制限额内，严格按照规定的范围、对象、条件和程序进行。

第五条 登记的范围和条件：

（一）依法履行公职、纳入国家行政编制、由国家财政负担工资福利且在编在职的除工勤人员以外的工作人员；

（二）具备公务员法第十三条规定的条件。

第六条 登记的对象：

（一）试用期满经考核合格的新录用公务员；

（二）按规定安置到公务员职位工作的军队转业干部；

（三）通过调任、聘任、面向社会选拔等方式到机关任职的人员；

（四）原不具有公务员身份，依照法律或者有关章程经选举等方式担任机关领导职务的人员；

（五）已经进行参照公务员法管理机关（单位）工作人员登记，因工作需要交流到机关任职的人员；

（六）其他符合登记条件的人员。

第七条 对违反有关法律法规和政策规定进入机关的人员，不予登记。

第八条 登记工作的程序：

（一）所在机关确定登记对象，填写《公务员登记表》，报审核机关；

（二）审核机关签署意见，报审批机关；

（三）审批机关签署意见；

（四）需要备案的，由审批机关报备案机关。

第九条 登记工作的管理权限：

（一）县级以下机关公务员登记，由所在机关确定登记对象、填写《公务员登记表》，县级公务员主管部门审核，市（地）级公务员主管部门审批后，报省级公务员主管部门备案。

市（地）级机关公务员登记，由所在机关干部人事部门确定登记对象、填写《公务员登记表》，所在机关审核，同级公务员主管部门审批后，报省级公务员主管部门备案。

省级机关公务员登记，由所在机关干部人事部门确定登记对象、填写《公务员登记表》，所在机关审核，同级公务员主管部门审批。

（二）中央机关公务员登记，由所在机关干部人事部门确定登记对象、填写《公务员登记表》并审核，所在机关审批后，报中央公务员主管部门备案。

（三）中央垂直管理部门公务员登记，由所在机关确定登记对象、填写《公务员登记表》，省级机关审核，中央垂直管理机关审批后，报中央公务员主管部门备案。

省以下垂直管理部门公务员登记，由所在机关确定登记对象、填写《公务员登记表》，省垂直管理机关审核，省级公务员主管部门审批。

（四）各级机关领导成员的公务员登记按照干部管理权限进行。

第十条 公务员登记审批一般应当在公务员任职后1个月内进行。

除新录用公务员外，公务员登记审批完成后，所在机关方可按照有关规定履行工资审批等各项手续。

审批后的《公务员登记表》应当装入被登记人员干部人事档案。

第十一条 备案机关可根据实际情况，确定登记备案的方式和时限，但每年度应当至少集中备案一次。

第十二条 登记备案的材料一般应当包括登记备案说明、《公务员登记备案汇总表》、《公务员登记表》复印件、被登记人员进入机关的证明材料等。

登记备案说明的内容一般应当包括本单位行政编制数、实有人员数、各职务职级层次的职数及实有人员数等。

第十三条 备案机关发现存在违规登记情形的，应当责令审批机关撤销登记。

第十四条 对因撤销登记、调出机关、辞去公职、被辞退、被开除、退休、死亡等原因退出公务员队伍的人员，所在机关应当于次年 1 月 31 日前，按照登记工作管理权限，将上一年度退出情况说明及《公务员退出汇总表》报审批机关、备案机关。

第十五条 各级公务员主管部门要加强对公务员登记工作的监督指导，严肃登记工作纪律。对在登记过程中违反规定、弄虚作假的，应当根据具体情况，依规依纪依法追究负有责任的领导人员和直接责任人员的责任。

第十六条 各级公务员主管部门要做好公务员登

记的基础工作，结合公务员管理信息系统建设，推进公务员登记工作信息化，加强登记数据信息的管理维护。

第十七条 参照公务员法管理的机关（单位）中除工勤人员以外的工作人员的登记工作，参照本办法执行。

第十八条 担任中央管理职务的公务员登记工作按照有关规定执行。

第十九条 本办法由中共中央组织部负责解释。

第二十条 本办法自发布之日起施行，2006 年 4 月 9 日中共中央、国务院印发的《〈中华人民共和国公务员法〉实施方案》附件二《公务员登记实施办法》，2009 年 9 月 22 日中共中央组织部办公厅、人力资源社会保障部办公厅印发的《关于进一步做好公务员登记工作的通知》同时废止。

附件：略

公务员录用规定

（2007 年 11 月 6 日中共中央组织部、人事部制定　2019 年 10 月 15 日中共中央组织部修订　2019 年 11 月 26 日发布）

第一章　总　　则

第一条　为规范公务员录用工作，保证新录用公务员的基本素质，建设信念坚定、为民服务、勤政务实、敢于担当、清正廉洁的高素质专业化公务员队伍，根据《中华人民共和国公务员法》（以下简称公务员法）和有关法律法规，制定本规定。

第二条　本规定适用于各级机关录用担任一级主任科员以下及其他相当职级层次的公务员。

第三条　公务员录用坚持以马克思列宁主义、毛泽东思想、邓小平理论、“三个代表”重要思想、科学发展观、习近平新时代中国特色社会主义思想为指导，贯彻新时代中国共产党的组织路线和干部工作方针政策，突出政治标准，坚持下列原则：

（一）党管干部；

（二）公开、平等、竞争、择优；

（三）德才兼备、以德为先，五湖四海、任人唯贤；

（四）事业为上、公道正派，人岗相适、人事相宜；

（五）依法依规办事。

第四条 录用公务员，采取公开考试、严格考察、平等竞争、择优录取的办法。录用政策和考试内容应当体现分类分级管理要求。

第五条 录用公务员，应当在规定的编制限额内，并有相应的职位空缺。

第六条 录用公务员，应当按照下列程序进行：

（一）发布招考公告；

（二）报名与资格审查；

（三）考试；

（四）体检；

（五）考察；

（六）公示；

（七）审批或者备案。

省级以上公务员主管部门可以对上述程序进行调整。

第七条 民族自治地方录用公务员，依照法律和有关规定执行。具体办法由省级以上公务员主管部门确定。

第八条 公务员主管部门和招录机关应当采取措施，便利报考者报名和参加考试。有残疾人参加考试时，根据需要予以协助。

第二章 管理机构

第九条 中央公务员主管部门负责全国公务员录用的综合管理工作。具体包括：

（一）拟定公务员录用法规；

（二）制定公务员录用的规章、政策；

（三）指导和监督地方各级机关公务员的录用工作；

（四）负责组织中央机关及其直属机构公务员的录用。

第十条 省级公务员主管部门负责本辖区公务员录用的综合管理工作。具体包括：

（一）贯彻有关公务员录用的法律、法规、规章和政策；

（二）根据公务员法和本规定，制定本辖区内公务员录用实施办法；

（三）负责组织本辖区内各级机关公务员的录用；

（四）指导和监督设区的市级以下各级机关公务员录用工作；

（五）承办中央公务员主管部门委托的公务员录用有关工作。

必要时，省级公务员主管部门可以授权设区的市级公务员主管部门组织本辖区内公务员的录用。

第十一条 设区的市级以下公务员主管部门按照省级公务员主管部门的规定，负责本辖区内公务员录用的有关工作。

第十二条 招录机关按照公务员主管部门的要求，负责本机关及直属机构公务员录用的有关工作。

第十三条 公务员录用有关专业性、技术性、事务性工作可以授权或者委托考试机构以及其他专业机构承担。

第三章　录用计划与招考公告

第十四条　招录机关根据队伍建设需要和职位要求，提出招考的职位、名额和报考资格条件，拟定录用计划。

第十五条　中央机关及其直属机构的录用计划，由中央公务员主管部门审定。

省级机关及其直属机构的录用计划，由省级公务员主管部门审定。设区的市级以下机关录用计划的申报程序和审批权限，由省级公务员主管部门规定。

第十六条　省级以上公务员主管部门依据有关法律、法规、规章和政策，制定招考工作方案。

设区的市级公务员主管部门经授权组织本辖区公务员录用，其招考工作方案应当报经省级公务员主管部门审核同意。

第十七条　公务员主管部门依据招考工作方案，制定招考公告，面向社会发布。招考公告应当载明以下内容：

（一）招录机关、招考职位、名额和报考资格条件；

（二）报名方式方法、时间和地点；

（三）报考需要提交的申请材料；

（四）考试科目、时间和地点；

（五）其他须知事项。

第四章　报名与资格审查

第十八条　报考公务员，应当具备下列资格条件：

（一）具有中华人民共和国国籍；

（二）年龄为十八周岁以上，三十五周岁以下；

（三）拥护中华人民共和国宪法，拥护中国共产党领导和社会主义制度；

（四）具有良好的政治素质和道德品行；

（五）具有正常履行职责的身体条件和心理素质；

（六）具有符合职位要求的工作能力；

（七）具有大学专科以上文化程度；

（八）省级以上公务员主管部门规定的拟任职位所要求的资格条件；

（九）法律、法规规定的其他条件。

前款第（二）、（七）项所列条件，经省级以上公务员主管部门批准，可以适当调整。

报考行政机关中行政处罚决定审核、行政复议、行政裁决、法律顾问等职位的，应当取得法律职业资格。

公务员主管部门和招录机关不得设置与职位要求无关的报考资格条件。

第十九条 下列人员不得报考公务员：

（一）因犯罪受过刑事处罚的；

（二）被开除中国共产党党籍的；

（三）被开除公职的；

（四）被依法列为失信联合惩戒对象的；

（五）有法律规定不得录用为公务员的其他情形的。

第二十条 报考者不得报考录用后即构成公务员法第七十四条所列情形的职位，也不得报考与本人有夫妻关系、直系血亲关系、三代以内旁系血亲关系以及近姻亲关系的人员担任领导成员的用人单位的职位。

第二十一条　报考者应当向招录机关提交报考申请材料，报考者提交的申请材料应当真实、准确、完整。

招录机关根据报考资格条件对报考申请进行审查，确认报考者是否具有报考资格。资格审查贯穿录用全过程。

第五章　考　　试

第二十二条　公务员录用考试采取笔试和面试等方式进行，考试内容根据公务员应当具备的基本能力和不同职位类别、不同层级机关分别设置，重点测查用习近平新时代中国特色社会主义思想指导分析和解决问题的能力。

第二十三条　笔试包括公共科目和专业科目。公共科目由中央公务员主管部门统一确定。专业科目由省级以上公务员主管部门根据需要设置。

第二十四条　招录机关按照省级以上公务员主管部门的规定，根据报考者笔试成绩由高到低的顺序确定面试人选。

面试的内容和方法，由省级以上公务员主管部门规定。

面试应当组成面试考官小组。面试考官小组由具有面试考官资格的人员组成。面试考官资格的认定与管理，由省级以上公务员主管部门负责。

第二十五条 有下列情形之一的，可以简化程序或者采用其他测评办法：

（一）不宜公开招考的；

（二）需要专门测查有关专业技能水平的；

（三）专业人才紧缺难以形成竞争的；

（四）省级以上公务员主管部门规定的其他情形。

以上情形的适用范围和实施办法，由省级以上公务员主管部门确定。

第六章 体 检

第二十六条 招录机关按照省级以上公务员主管部门的规定，根据报考者考试成绩由高到低的顺序确定体检人选，并进行体检。

第二十七条 体检的项目和标准根据职位要求确

定。具体办法由中央公务员主管部门会同国务院卫生健康行政部门规定。

第二十八条 承担体检工作的医疗机构由设区的市级以上公务员主管部门会同同级卫生健康行政部门指定。

体检完毕，主检医生应当审核体检结果并签名，医疗机构加盖公章。

第二十九条 招录机关或者报考者对体检结果有疑问的，可以按照规定提出复检。复检只能进行一次。体检结果以复检结论为准。

必要时，设区的市级以上公务员主管部门可以要求体检对象重新体检。

第三十条 招录机关根据职位需要，经省级以上公务员主管部门批准，可以对报考者进行体能测评。体能测评的项目和标准根据职位要求确定。具体办法由中央公务员主管部门规定。

第三十一条 招录机关根据职位需要，经省级以上公务员主管部门批准，可以对报考者有关心理素质进行测评，测评结果作为择优确定拟录用人员的重要参考。

第七章　考　　察

第三十二条　招录机关根据报考者的考试成绩等确定考察人选，并进行报考资格复审和考察。

第三十三条　报考资格复审主要核实报考者是否符合规定的报考资格条件，确认其报名时提交的信息和材料是否真实、准确、完整。

第三十四条　考察工作突出政治标准，重点考察人选是否符合增强“四个意识”、坚定“四个自信”、做到“两个维护”，热爱中国共产党、热爱祖国、热爱人民等政治要求。考察内容主要包括人选的政治素质、道德品行、能力素质、心理素质、学习和工作表现、遵纪守法、廉洁自律、职位匹配度以及是否需要回避等方面的情况。

考察人选达不到公务员应当具备的条件或者不符合报考职位要求的，不得确定为拟录用人员。

第三十五条　考察应当组成考察组。考察组由两人以上组成，采取个别谈话、实地走访、严格审核人事档案、查询社会信用记录、同考察人选面谈等方法，根据需要也可以进行延伸考察等，广泛深入地了解情况，做到全面、客观、公正，并据实写出考察材料。考察情况作为择优确定拟录用人员的主要依据。考察对象所在单位（学校）或者相关单位应予积极配合，并客观、真实反映有关情况。

省级（含副省级）以上招录机关，可以实行差额考察。

第八章　公示、审批或者备案

第三十六条　招录机关根据报考者的考试成绩、体检结果和考察情况等，择优提出拟录用人员名单，向社会公示。公示期不少于五个工作日。

第三十七条　公示内容包括招录机关名称、拟录用职位，拟录用人员姓名、性别、准考证号、毕业院校或者工作单位，监督电话以及省级以上公务员主管部门规定的其他事项。

公示期满，对没有问题或者反映问题不影响录用的，按照规定程序办理审批或者备案手续；对有严重问题并查有实据的，不予录用；对反映有严重问题，但一时难以查实的，暂缓录用，待查实并作出结论后再决定是否录用。

第三十八条 中央机关及其直属机构拟录用人员名单应当报中央公务员主管部门备案；地方各级招录机关拟录用人员名单应当报省级或者设区的市级公务员主管部门审批。

第九章 试 用

第三十九条 新录用的公务员试用期为一年，自报到之日起计算。试用期内，由招录机关对新录用的公务员进行考核，并按照规定进行初任培训。

第四十条 新录用公务员试用期满考核合格的，招录机关应当按照有关规定予以任职定级。

第四十一条 新录用公务员试用期满考核不合格的，取消录用。

试用期间发现新录用公务员有不具备公务员条件、不符合报考职位要求、不能胜任职位工作等情形的，取消录用。

新录用公务员有公务员法第八十九条规定情形

的，不得取消录用。

第四十二条 中央机关及其直属机构取消录用的人员名单，应当报中央公务员主管部门备案。地方各级招录机关取消录用的审批权限由省级公务员主管部门规定。

第四十三条 新录用公务员取消录用的时间，从作出取消录用决定之日起计算。取消录用决定应当以书面形式通知本人，停发工资、转递档案以及转接社会保险关系等按照有关规定执行。

第十章 纪律与监督

第四十四条 从事录用工作的人员凡有公务员法第七十六条所列情形之一的，应当实行回避。

第四十五条 有下列情形之一的，由省级以上公务员主管部门或者设区的市级公务员主管部门，视情况分别予以责令纠正或者宣布无效；对负有责任的领导人员和直接责任人员，根据情节轻重，给予批评教育、责令检查、诫勉、组织调整或者组织处理；涉嫌违纪违法需要追究责任的，依规依纪依法予以处分；

涉嫌犯罪的，移送有关国家机关依法处理：

（一）不按照规定的编制限额和职位要求进行录用的；

（二）不按照规定的任职资格条件和程序录用的；

（三）未经授权，擅自出台、变更录用政策，造成不良影响的；

（四）录用工作中徇私舞弊，情节严重的；

（五）发生泄露试题、违反考场纪律以及其他严重影响公开、公正行为的。

第四十六条 从事录用工作的人员有下列情形之一的，由公务员主管部门或者所在单位，根据情节轻重，给予批评教育、责令检查、诫勉、组织调整或者组织处理；涉嫌违纪违法需要追究责任的，依规依纪依法予以处分；涉嫌犯罪的，移送有关国家机关依法处理：

（一）泄露试题和其他录用秘密信息的；

（二）利用工作便利，伪造考试成绩或者其他录用工作有关资料的；

（三）利用工作便利，协助报考者考试作弊的；

（四）因工作失职，导致录用工作重新进行的；

（五）违反录用工作纪律的其他行为。

第四十七条 报考者有违反报考规则和管理规定行为的，由公务员主管部门、招录机关或者考试机构按照管理权限，分别采取纠正、批评教育、答卷不予评阅、当科考试成绩为零分、终止录用程序等方式进行现场处置或者事后处置。

报考者有隐瞒真实信息、弄虚作假、考试作弊、扰乱考试秩序等违反录用纪律行为的，情节较轻的，由省级以上公务员主管部门或者设区的市级公务员主管部门给予考试成绩无效、取消资格等处理；情节严重的，给予五年内限制报考的处理；情节特别严重的，给予终身限制报考的处理；涉嫌犯罪的，移送有关国家机关依法处理。

第四十八条 公务员录用工作接受监督。报考者可以向公务员主管部门、招录机关、考试机构提出意见建议；认为其合法权益受到侵犯的，可以依据有关规定进行信访、申诉、控告或者检举；对违纪违规行为处理决定不服的，可以进行陈述和申辩、申请行政复议或者提起行政诉讼。公务员主管部门、招录机关、考试机构和相关部门应当及时受理，并按照规定程序和权限处理。

第十一章　附　　则

第四十九条　参照公务员法管理的机关（单位）录用工勤人员以外的工作人员，参照本规定执行。

第五十条　本规定由中共中央组织部负责解释。

第五十一条　本规定自2019年11月26日起施行。

公务员录用违规违纪行为处理办法

（2009年11月9日中共中央组织部、人力资源社会保障部制定　2016年9月6日中共中央组织部、人力资源社会保障部、国家公务员局修订　2021年8月25日中共中央组织部部务会会议修订　2021年9月18日中共中央组织部、人力资源社会保障部发布）

第一章　总　　则

第一条　为规范公务员录用违规违纪行为的认定与处理，维护公务员录用工作的公平公正，严把公务员队伍入口关，根据《中华人民共和国公务员法》和《公务员录用规定》等有关法律法规，制定本办法。

第二条 本办法适用于公务员录用中报考者和工作人员违规违纪行为的认定与处理。

第三条 公务员录用违规违纪行为的认定与处理，应当事实清楚、证据确凿、程序规范、适用规定准确。

第四条 公务员主管部门、招录机关和考试机构以及其他相关单位按照规定的职责权限，对违规违纪行为进行认定与处理。

第二章 报考者违规违纪行为处理

第五条 报考者提交的涉及报考资格的申请材料或者信息不实的，负责资格审查工作的招录机关或者公务员主管部门应当认定其报名无效，终止其录用程序；有恶意注册报名信息，扰乱报名秩序或者伪造、变造有关材料骗取报考资格等行为的，由设区的市级以上公务员主管部门给予其取消本次报考资格并五年内限制报考公务员的处理。

第六条 报考者在考试过程中有下列行为之一的，由具体组织实施考试的考试机构、招录机关或者公务员主管部门给予其所涉科目（场次）考试成绩为零分的处理：

（一）将规定以外的物品带入考场，经提醒仍未按要求放在指定位置的；

（二）参加考试时未按规定时间入场、离场的；

（三）未在指定座位参加考试，或者擅自离开座位、出入考场的；

（四）未按规定填写（填涂）、录入本人或者考试相关信息，以及在规定以外的位置标注本人信息或者其他特殊标记的；

（五）故意损坏本人试卷、答题卡（答题纸）等考场配发材料或者本人使用的考试机等设施设备的；

（六）在考试开始信号发出前答题的，或者在考试结束信号发出后继续答题的；

（七）其他情节较轻的违规违纪行为。

第七条 报考者在考试过程中有下列行为之一的，由设区的市级以上公务员主管部门给予其取消本次考试资格并五年内限制报考公务员的处理：

（一）抄袭他人答题信息或者协助他人抄袭答题信息的；

（二）查看、偷听违规带入考场与考试有关的文字、视听资料的；

（三）使用禁止携带的通讯设备或者具有计算、存储功能电子设备的；

（四）携带具有避开或者突破考场防范作弊的安全管理措施，获取、记录、传递、接收、存储考试试题、答案等功能的程序、工具，以及专门用于作弊的程序、工具（以下简称作弊器材）的；

（五）抢夺、故意损坏他人试卷、答题卡（答题纸）、草稿纸等考场配发材料或者他人使用的考试机等设施设备的；

（六）违反规定将试卷、答题卡（答题纸）等考场配发材料带出考场的；

（七）其他情节严重、影响恶劣的违规违纪行为。

第八条 报考者在考试过程中有下列行为之一的，由省级以上公务员主管部门给予其取消本次考试资格并终身限制报考公务员的处理：

（一）使用伪造、变造或者盗用他人的居民身份证、准考证以及其他证明材料参加考试的；

（二）3 人以上串通作弊或者参与有组织作弊的；

（三）代替他人或者让他人代替自己参加考试的；

（四）使用本办法第七条第四项所列作弊器材的；

（五）非法侵入考试信息系统或者非法获取、删除、修改、增加系统数据的；

（六）其他情节特别严重、影响特别恶劣的违规违纪行为。

第九条　在阅卷过程中发现报考者之间同一科目作答内容雷同，并经阅卷专家组确认的，由具体组织实施考试的考试机构给予其该科目（场次）考试成绩为零分的处理，录用程序终止。作答内容雷同的认定方法和标准由省级以上考试机构确定。

报考者之间同一科目作答内容雷同，并有其他相关证据证明其作弊行为成立的，视具体情形按照本办法第七条、第八条的规定处理。

第十条　报考者有隐瞒影响录用的疾病或者病史以及其他妨碍体检工作正常进行的行为，情节较轻的，负责组织体检的招录机关或者公务员主管部门应当终止其录用程序；有交换、替换检验样本等情节严重、影响恶劣行为的，由设区的市级以上公务员主管部门给予其取消本次考试资格并五年内限制报考公务员的处理；有串通作弊、让他人顶替体检等情节特别严重、影响特别恶劣行为的，由省级以上公务员主管部门给予其取消本次考试资格并终身限制报考公务员的处理。

第十一条 报考者在考察、体能测评、心理素质测评等环节有弄虚作假、隐瞒事实真相以及其他妨碍相关工作正常进行的行为，情节较轻的，负责组织实施的招录机关或者公务员主管部门应当终止其录用程序；情节严重、影响恶劣的，由设区的市级以上公务员主管部门给予其取消本次考试资格并五年内限制报考公务员的处理；情节特别严重、影响特别恶劣的，由省级以上公务员主管部门给予其取消本次考试资格并终身限制报考公务员的处理。

第十二条 报考者应当自觉维护公务员录用工作秩序，有下列行为之一的，应当终止其录用程序；情节严重、影响恶劣的，由设区的市级以上公务员主管部门给予其取消本次考试资格并五年内限制报考公务员的处理；情节特别严重、影响特别恶劣的，由省级以上公务员主管部门给予其取消本次考试资格并终身限制报考公务员的处理：

（一）故意扰乱考点、考场等工作场所秩序的；

（二）拒绝、妨碍工作人员履行管理职责的；

（三）威胁、侮辱、诽谤、诬陷、殴打工作人员或者其他报考者的；

（四）通过搞利益输送或者利益交换，谋取考试资格、录用机会、经济利益以及其他不当利益的；

（五）购买本办法第七条第四项所列作弊器材的；

（六）其他扰乱公务员录用工作秩序的行为。

第十三条 报考者在公务员录用中有违规违纪行为，涉嫌违法犯罪的，移送有关国家机关依法处理。

报考者为国家公职人员的，应当将其违规违纪行为和处理结果通报所在单位。

第十四条 试用期间查明报考者有本办法所列违规违纪行为的，应当取消录用并按照本办法的有关规定给予其相应的处理。

任职定级后查明有本办法所列违规违纪行为的，按照有关规定给予其相应的处理。

第十五条 报考者有情节严重、影响恶劣或者情节特别严重、影响特别恶劣的违规违纪行为的，应当记入公务员录用诚信档案库，并按照有关规定进行信用信息共享等管理。

第三章 工作人员违规违纪行为处理

第十六条 有下列情形之一的，根据情节轻重，依规依纪依法追究负有责任的领导人员和直接责任人员责任；涉嫌违法犯罪的，移送有关国家机关依法处理：

（一）不按照规定的编制限额和职位要求进行录用的；

（二）不按照规定的任职资格条件和程序录用的；

（三）未经授权，擅自出台、变更录用政策，造成不良影响的；

（四）录用工作中徇私舞弊的；

（五）发生泄露试题、违反考场纪律以及其他影响公平、公正行为的。

第十七条 工作人员有下列情形之一的，根据情节轻重，依规依纪依法追究责任；涉嫌违法犯罪的，移送有关国家机关依法处理：

（一）泄露试题和其他录用秘密信息的；

（二）利用工作便利，伪造考试成绩或者其他录用工作有关资料的；

（三）利用工作便利，协助报考者作弊的；

（四）因工作失职，影响录用工作正常进行的；

（五）其他违反录用工作纪律的行为。

第四章　违规违纪行为处理程序

第十八条　报考者的违规违纪行为被当场发现的，工作人员应当予以制止，并收集、保存相应证据材料，如实记录违规违纪事实和现场处置情况，由 2 名以上工作人员签字，报送负责组织有关工作的公务员主管部门、招录机关或者考试机构。

第十九条　对报考者违规违纪行为作出处理决定前，应当告知报考者拟作出的处理决定以及相关事实、理由和依据，并告知报考者依法享有陈述和申辩的权利。作出处理决定的公务员主管部门、招录机关或者考试机构对报考者提出的事实、理由和证据，应当进行复核。

第二十条　对报考者违规违纪行为作出处理决定的，应当制作公务员录用违规违纪行为处理决定书，采取直接送达、委托送达、邮寄送达或者公告等方式送达。

对给予五年内限制报考公务员或者终身限制报考公务员处理的报考者，限制报考的日期自作出处理决定之日起计算。

第二十一条 报考者对违规违纪行为处理决定不服的，可以依法申请行政复议或者提起行政诉讼。

第二十二条 对工作人员违规违纪行为的处理，由相关单位按照职责权限和程序办理。

工作人员对违规违纪行为处理不服的，可以按照规定申请复核或者提出申诉等。

第五章 附 则

第二十三条 报考者和工作人员以外的其他人员，有干扰公务员录用秩序等行为的，依据有关法律法规处理。

第二十四条 参照公务员法管理的机关（单位）中除工勤人员以外的工作人员录用中违规违纪行为的认定与处理，参照本办法执行。

第二十五条　本办法由中共中央组织部、人力资源社会保障部负责解释。

第二十六条　本办法自发布之日起施行。

附件：略

公务员录用考察办法（试行）

（2021 年 8 月 25 日中共中央组织部制定　2021 年 9 月 17 日发布）

第一条　为规范公务员录用考察工作，严把公务员队伍入口关，建设信念坚定、为民服务、勤政务实、敢于担当、清正廉洁的高素质专业化公务员队伍，根据《中华人民共和国公务员法》和《公务员录用规定》等有关法律法规，制定本办法。

第二条　本办法适用于各级机关录用担任一级主任科员以下及其他相当职级层次公务员的考察工作。

第三条　公务员录用考察坚持党管干部原则，突出政治标准，坚持实事求是、公道正派，坚持德才兼备、以德为先，坚持人岗相适、人事相宜。考察情况应当全面、客观、真实、准确。考察情况作为择优确定拟录用人员的主要依据。

第四条 省级以上公务员主管部门负责公务员录用考察工作的管理、指导和监督。

省级（含副省级）以上招录机关按照公务员主管部门的要求，负责本机关及直属机构公务员录用考察工作。市（地）级以下招录机关公务员录用考察工作的组织实施，按照省级公务员主管部门的规定执行。

第五条 考察人选所在单位（学校）以及相关单位应当配合考察工作，客观、真实提供有关情况。

考察人选所在单位（学校）或者相关单位党组织、组织（人事）部门、纪检监察机关应当按照管理权限，就考察人选政治素质、廉洁自律、道德品行等情况提出意见。

第六条 招录机关根据报考者的考试成绩等确定考察人选。

省级（含副省级）以上招录机关可以差额确定考察人选。市（地）级以下招录机关一般等额确定考察人选，经省级以上公务员主管部门同意，也可以差额确定考察人选。差额考察人数与计划录用人数的比例一般不高于2∶1。

第七条 考察时，应当全面了解考察人选的德、能、勤、绩、廉，严把政治关、品行关、能力关、作风关、廉洁关，主要考察下列内容：

（一）政治素质。注重了解政治理论学习情况，深入了解政治信仰、政治立场、政治意识和政治表现等情况，重点考察是否符合增强“四个意识”、坚定“四个自信”、做到“两个维护”，热爱中国共产党、热爱祖国、热爱人民等政治要求。

（二）道德品行。注重了解践行社会主义核心价值观，做到忠诚老实、公道正派，遵守社会公德、职业道德、家庭美德、个人品德等情况，关注学习、工作时间之外的表现情况。

（三）能力素质。注重了解学习能力、分析和解决问题的能力、组织协调能力以及履行招考职位职责需要的其他能力，加强对专业素养的考察，注意了解专业知识、专业能力、专业作风、专业精神等情况。

（四）心理素质。注重了解意志品质、内在动力、自我认知、情绪管理等情况，重点了解承受较大压力、遇到困难挫折时的精神状态和应对能力。

（五）学习和工作表现。注重了解学习态度、学习成绩、工作作风、工作实绩等情况，以及在学习和工作中表现出的素质潜能、模范作用、责任心、服务意识、团结协作精神等。

（六）遵纪守法。注重了解遵守法律法规和纪律规定、依法依规办事等情况。

（七）廉洁自律。注重了解遵守廉洁自律有关规定，做到公私分明、克己奉公，保持高尚情操、健康情趣等情况。

考察时，注意核实考察人选报名时提交的信息和材料是否真实、准确、完整，是否符合报考资格条件，是否具有应当回避的情形，身心健康状况，以及与招考职位的匹配度等情况。

第八条 对于下列人员，除了考察第七条规定的内容外，还应当注意考察与之相应的有关情况：

（一）对于服务基层项目人员，一般应当深入到项目组织单位和服务单位，了解在基层的工作表现和干部群众的认可程度以及考核等情况。

（二）对于高校毕业生退役士兵，一般应当到就读的高校和服役部队深入了解学习和服役期间的表现情况。

（三）对于具有国（境）外学习或者工作经历的人员，可以通过适当方式或者委托相关部门协助了解在国（境）外的学习、工作、社会交往等情况。

（四）对于报考机要、国家安全等涉密职位的人员，一般应当考察家庭成员和主要社会关系的有关情况。

（五）对于报考要求具有基层工作经历职位的人员，应当按照有关规定，严格甄别、准确认定其基层工作经历情况。

第九条 考察人选有下列情形之一的，不得确定为拟录用人员：

（一）有公务员法第二十六条所列情形的；

（二）有公务员法第五十九条所列行为的；

（三）不具备省级以上公务员主管部门确定的报考资格条件或者不符合招考职位有关要求的；

（四）因犯罪被单处罚金，或者犯罪情节轻微，人民检察院依法作出不起诉决定或者人民法院依法免予刑事处罚的；

（五）受到诫勉、组织处理或者党纪政务处分等影响期未满或者期满影响使用的；

（六）被开除中国共产主义青年团团籍的；

（七）被机关或者参照公务员法管理的机关（单位）辞退未满 5 年的；

（八）高等教育期间受到开除学籍处分的；

（九）在法律规定的国家考试中被认定有严重舞弊行为的；

（十）政治素质、道德品行、社会责任感、为民服务意识和社会信用情况较差，以及其他不宜录用为公务员的情形。

第十条 对考察人选应当进行实地考察，除特殊情况外，一般不得以函调、委托考察等形式代替。

根据实际需要，经省级以上公务员主管部门同意，考察工作可以适当前置。

第十一条 考察应当组成考察组。考察组由 2 人以上组成，一般由组织（人事）部门的人员和熟悉招考职位情况的人员共同组成。

考察组应当坚持原则、公道正派、深入细致，如实反映考察情况和意见，对形成的考察材料负责。考察组成员与考察人选之间有公务员法第七十四条第一款所列亲属关系和第七十六条所列情形之一的，应当报告并回避。

考察前，应当对考察组成员进行培训，提供考察人选的有关情况，明确考察内容、考察程序、工作要求和工作纪律等。

第十二条 考察工作一般按照下列程序进行：

（一）同考察人选所在单位（学校）或者相关单位沟通，确定考察的时间安排、步骤和有关要求等。

（二）根据考察人选的不同情况，通过适当方式在一定范围内发布考察公告。

（三）采取个别谈话、审核人事档案（学籍档案）、查询社会信用记录等方法，根据需要也可以进行民主测评、家访、见习考察、延伸考察等，广泛深入地了解考察人选情况。

（四）听取考察人选所在单位（学校）或者相关单位党组织、组织（人事）部门、纪检监察机关意见。

（五）同考察人选面谈，进一步了解其政治立场、思想品质、价值取向、见识见解、适应能力、性格特点、身体状况、心理素质等方面情况，以及缺点和不足，印证相关评价意见，了解个人有关事项，核实有关情况。

（六）综合分析考察情况，注重定性与定量相结合，根据一贯表现，全面、客观、公正地对考察人选作出评价，撰写考察材料。考察材料由考察组全体成员签名，所附证明材料应当注明出处，并由相关证明人签名或者加盖公章。

第十三条 考察工作应当在省级以上公务员主管部门规定的期限内完成。有下列情形之一的，完成期限可以适当延长，一般不得超过90日；情况复杂的，经省级以上公务员主管部门批准，可以再延长，但不得超过30日：

（一）涉嫌违纪违法正在接受审查调查尚未作出结论的；

（二）涉嫌违法犯罪且司法程序尚未终结的；

（三）线索具体、有可查性的信访举报尚未调查清楚的；

（四）人事档案（学籍档案）材料或者信息涉嫌造假尚未核准的；

（五）人事档案（学籍档案）中身份、年龄、工龄、党龄、学历、经历等存疑尚未查清的；

（六）其他需要延长考察期限的情形。

到规定的完成期限（含延长期限）时，有关审查调查或者司法程序仍未终结的，一般应当终止录用程序。

第十四条　招录机关根据考试成绩、体检结果和考察情况等，集体研究确定拟录用人员。

拟录用结果应当及时通知考察人选。考察人选有异议的，应当及时复核相关情况，并作出复核结论。

第十五条　考察人选达不到公务员应当具备的条件或者不符合招考职位要求时，是否递补考察人选、具体递补原则和办法，由省级以上公务员主管部门确定。

第十六条　实行考察工作责任制。因失察失责造成不良后果的，应当根据具体情况，按照有关规定追究相关单位和人员的责任。

组织实施机关、工作人员和考察人选以及考察人选所在单位（学校）相关人员等在考察工作中有违规违纪违法行为的，按照有关规定处理。

第十七条　考察工作接受监督。公务员主管部门、招录机关和相关部门应当及时受理信访、申诉、控告或者检举等，并按照规定权限和程序处理。

第十八条 参照公务员法管理的机关（单位）中除工勤人员以外的工作人员的录用考察，参照本办法执行。

经中央公务员主管部门同意，对有关招录机关录用考察工作另有规定的，从其规定。

第十九条 本办法由中共中央组织部负责解释。

第二十条 本办法自发布之日起施行。

公务员考核规定

（2006年12月26日中共中央组织部部务会会议审议批准　2007年1月4日中共中央组织部、人事部发布　2020年12月8日中共中央组织部部务会会议修订　2020年12月28日中共中央组织部发布）

第一章　总　　则

第一条　为了准确评价公务员的德才表现和工作实绩，规范公务员考核工作，建设信念坚定、为民服务、勤政务实、敢于担当、清正廉洁的高素质专业化公务员队伍，根据《中华人民共和国公务员法》和有关法律法规，制定本规定。

第二条　公务员考核，是指机关按照规定的权限、标准和程序，对非领导成员公务员的政治素质、履职能力、工作实绩、作风表现等所进行的了解、核实和评价。

对领导成员的考核，由主管机关按照《党政领导干部考核工作条例》等有关规定办理。

第三条 公务员考核工作坚持以马克思列宁主义、毛泽东思想、邓小平理论、“三个代表”重要思想、科学发展观、习近平新时代中国特色社会主义思想为指导，贯彻新时代党的组织路线和干部工作方针政策，着眼于加强党对公务员队伍的集中统一领导、推进国家治理体系和治理能力现代化，把政治标准放在首位，突出考核公务员做好本职工作的实际成效，树立讲担当、重担当、改革创新、干事创业的鲜明导向，坚持下列原则：

（一）注重实绩、群众公认；

（二）客观公正、精准科学；

（三）分级分类、简便易行；

（四）奖惩分明、有效管用。

第二章 考核内容和标准

第四条 对公务员的考核，以公务员的职位职责和所承担的工作任务为基本依据，全面考核德、能、勤、绩、廉，重点考核政治素质和工作实绩。

（一）德。全面考核政治品质和道德品行，重点了解学习贯彻习近平新时代中国特色社会主义思想，坚定理想信念，坚守初心使命，忠于宪法、忠于国家、忠于人民，增强“四个意识”、坚定“四个自信”、做到“两个维护”的情况；带头践行社会主义核心价值观，恪守职业道德，遵守社会公德、家庭美德和个人品德等情况。

（二）能。全面考核适应新时代要求履职尽责的政治能力、工作能力和专业素养，重点了解政治鉴别能力、学习调研能力、依法行政能力、群众工作能力、沟通协调能力、贯彻执行能力、改革创新能力、应急处突能力等情况。

（三）勤。全面考核精神状态和工作作风，重点了解忠于职守，遵守工作纪律，爱岗敬业、勤勉尽责，敢于担当、甘于奉献等情况。

（四）绩。全面考核坚持以人民为中心，依法依规履行职位职责、承担急难险重任务等情况，重点了解完成工作的数量、质量、效率和所产生的效益等情况。

（五）廉。全面考核遵守廉洁从政规定，落实中央八项规定及其实施细则精神等情况，重点了解秉公用权、廉洁自律等情况。

第五条 公务员的考核分为平时考核、专项考核和定期考核等方式。定期考核以平时考核、专项考核为基础。

平时考核是对公务员日常工作和一贯表现所进行的经常性考核，一般按照个人小结、审核评鉴、结果反馈等程序进行。

专项考核是对公务员完成重要专项工作，承担急难险重任务和关键时刻的政治表现、担当精神、作用发挥、实际成效等情况所进行的针对性考核，可以按照了解核实、综合研判、结果反馈等程序进行，或者结合推进专项工作灵活安排。

定期考核采取年度考核的方式，是对公务员一个自然年度内总体表现所进行的综合性考核，在每年年末或者翌年年初进行。

第六条 年度考核结果分为优秀、称职、基本称职和不称职 4 个等次。

第七条 确定为优秀等次应当具备下列条件：

（一）思想政治素质高；

（二）精通业务，工作能力强；

（三）责任心强，勤勉尽责，工作作风好；

（四）圆满完成年度工作任务，工作实绩突出；

（五）清正廉洁。

第八条 确定为称职等次应当具备下列条件：

（一）思想政治素质较高；

（二）熟悉业务，工作能力较强；

（三）责任心强，工作积极，工作作风较好；

（四）能够完成本职工作；

（五）廉洁自律。

第九条 公务员有下列情形之一的，应当确定为基本称职等次：

（一）思想政治素质一般；

（二）履行职责的工作能力较弱；

（三）责任心一般，工作消极，或者工作作风方面存在明显不足；

（四）能基本完成本职工作，但完成工作的数量不足、质量和效率不高，或者在工作中有较大失误；

（五）能基本做到廉洁自律，但某些方面存在不足。

第十条 公务员有下列情形之一的，应当确定为不称职等次：

（一）思想政治素质较差；

（二）业务素质和工作能力不能适应工作要求；

（三）责任心缺失，工作不担当、不作为，或者工作作风差；

（四）不能完成工作任务，或者在工作中因严重失误、失职造成重大损失或者恶劣社会影响；

（五）存在不廉洁问题，且情形较为严重。

第十一条 公务员有受相应处分等特殊情形的，按照有关规定参加年度考核，不确定等次。

第十二条 公务员年度考核优秀等次人数，一般掌握在本机关应参加年度考核的公务员总人数的20%以内；经同级公务员主管部门审核同意，可以掌握在25%以内。优秀等次名额应当向获得表彰奖励以及基层一线、艰苦岗位公务员倾斜。

县级以上公务员主管部门对综合表现突出或者问题较多的机关，可以适当提高或者降低其优秀等次比例。

第三章 考核程序

第十三条 公务员考核由其所在机关组织实施。党委（党组）承担考核工作主体责任，组织（人事）部门承担具体工作责任。

机关在年度考核时可以设立考核委员会。考核委员会由本机关领导成员、组织（人事）部门、纪检监察机关及其他有关部门人员和公务员代表组成。

第十四条 年度考核一般按照下列程序进行：

（一）总结述职。公务员按照职位职责、年度目标任务和有关要求进行总结，在一定范围内述职，突出重点、简明扼要填写公务员年度考核登记表。

（二）民主测评。对担任机关内设机构领导职务的公务员，在一定范围内进行民主测评。根据需要，可以对其他公务员进行民主测评。

（三）了解核实。采取个别谈话、实地调研、服务对象评议等方式了解核实公务员有关情况。根据需要，听取纪检监察机关意见。

（四）审核评鉴。主管领导对公务员表现以及有关情况进行综合分析，有针对性地写出评语，提出考核等次建议和改进提高的要求。

（五）确定等次。由本机关负责人或者授权的考核委员会确定考核等次。对优秀等次公务员在本机关范围内公示，公示时间不少于5个工作日。考核结果以书面形式通知公务员，由公务员本人签署意见。

第十五条 年度考核确定为优秀等次的，应当从当年平时考核、专项考核结果好的公务员中产生。

第十六条 公务员对年度考核确定为不称职等次不服的，可以按照有关规定申请复核、申诉。

第十七条 各机关应当将公务员年度考核登记表存入公务员本人干部人事档案，同时将本机关公务员年度考核情况报送同级公务员主管部门。

第四章 考核结果运用

第十八条 公务员年度考核结果作为调整公务员职位、职务、职级、级别、工资以及公务员奖惩、培训、辞退的依据。

第十九条 公务员年度考核确定为优秀等次的，

按照下列规定办理：

（一）当年给予嘉奖，在本机关范围内通报表扬；晋升上一职级所要求的任职年限缩短半年。

（二）连续三年确定为优秀等次的，记三等功；晋升职务职级时，在同等条件下优先考虑。

第二十条 公务员年度考核确定为称职以上等次的，按照下列规定办理：

（一）累计两年确定为称职以上等次的，在所定级别对应工资标准内晋升一个工资档次。

（二）累计五年确定为称职以上等次的，在所任职务职级对应级别范围内晋升一个级别。

（三）本考核年度计算为晋升职务职级的任职年限，同时符合规定的其他任职资格条件的，具有晋升职务职级的资格。

（四）享受年度考核奖金。

第二十一条 公务员年度考核确定为基本称职等次的，按照下列规定办理：

（一）对其进行诫勉，责令作出书面检查，限期改进。

（二）本考核年度不计算为按年度考核结果晋升

级别和级别工资档次的考核年限。

（三）本考核年度不计算为晋升职务职级的任职年限；下一年内不得晋升职务职级。

（四）不享受年度考核奖金。

（五）连续两年确定为基本称职等次的，予以组织调整或者组织处理。

第二十二条 公务员年度考核确定为不称职等次的，按照下列规定办理：

（一）本考核年度不计算为晋升职务职级的任职年限；降低一个职务或者职级层次任职。

（二）本考核年度不计算为按年度考核结果晋升级别和级别工资档次的考核年限。

（三）不享受年度考核奖金。

（四）连续两年确定为不称职等次的，予以辞退。

第二十三条 参加年度考核不确定等次的，按照下列规定办理：

（一）本考核年度不计算为按年度考核结果晋升级别和级别工资档次的考核年限。

（二）不享受年度考核奖金。

（三）本考核年度不计算为晋升职务职级的任职

年限；连续两年不确定等次的，视情况调整工作岗位。

第二十四条 公务员主管部门和公务员所在机关应当根据考核情况，有针对性地对公务员进行教育培训，帮助公务员改进提高。

第五章 相关事宜

第二十五条 新录用的公务员在试用期内参加年度考核，只写评语，不确定等次，作为任职、定级的依据。

第二十六条 调任或者转任的公务员，由其调任或者转任的现工作单位进行考核并确定等次。其调任或者转任前的有关情况，由原单位提供。

援派或者挂职锻炼的公务员，在援派或者挂职锻炼期间，一般由当年工作半年以上的地方或者单位进行考核，以适当方式听取派出单位或者接收单位的意见。

单位派出学习培训、参加专项工作的公务员，由派出单位进行考核，主要根据学习培训、专项工作表现确定等次。其学习培训、专项工作表现的相关情况，由学习培训和专项工作单位提供。

第二十七条 病、事假累计超过考核年度半年的公务员，参加考核，不确定等次。

第二十八条 公务员涉嫌违纪违法被立案审查调查尚未结案的，参加年度考核，不写评语、不确定等次。结案后，不给予处分或者给予警告处分的，按照规定补定等次。

第二十九条 受处分公务员的年度考核，按照下列规定办理：

（一）受警告处分的当年，参加年度考核，不得确定为优秀等次；

（二）受记过处分的当年，受记大过、降级、撤职处分的当年及第二年，参加年度考核，只写评语，不确定等次。

第三十条 受党纪处分和组织处理、诫勉的公务员参加年度考核，按照有关规定办理。

受政务处分的公务员参加年度考核，按照本规定第二十八条、第二十九条规定办理。

同时受党纪处分、政务处分或者所在机关给予处分、组织处理的，按照对其考核结果影响较重的处分确定受处分影响期间考核结果。

第三十一条 公务员应当按照规定参加考核。对无正当理由不参加年度考核的公务员，经教育后仍然拒绝参加的，直接确定其考核结果为不称职等次。

考核中发现公务员存在违纪违法问题线索的，移送纪检监察、司法机关处理。

第三十二条 县级以上公务员主管部门负责本辖区内公务员考核工作的综合管理和指导监督，每年按照不少于机关总数10%的比例，对本辖区内各机关公务员考核工作进行核查了解。

对在考核过程中有徇私舞弊、打击报复、弄虚作假等违纪违法行为的，依照有关规定予以严肃处理。

第三十三条 机关应当结合实际，运用互联网技术和信息化手段简便高效开展公务员考核工作。

第三十四条 公务员考核工作所需经费，列入同级财政预算，予以保障。

第六章　附　　则

第三十五条 参照公务员法管理的机关（单位）

中除工勤人员以外的工作人员的考核，参照本规定执行。各地区各部门可结合实际制定具体的实施细则。

第三十六条 本规定由中共中央组织部负责解释。

第三十七条 本规定自发布之日起施行。

附件：略

公务员平时考核办法（试行）

（2019年8月27日中共中央组织部制定　2019年11月26日发布）

第一条　为了加强党对公务员队伍的集中统一领导，贯彻落实习近平总书记关于干部考核要把功夫下在平时的重要要求，建立日常考核、分类考核、近距离考核的知事识人体系，激励广大公务员新时代新担当新作为，促进事业发展和公务员成长进步，根据《中华人民共和国公务员法》和有关法律法规，制定本办法。

第二条　本办法所称公务员平时考核，是指各级机关按照干部管理权限，对非领导成员公务员日常工作和一贯表现所进行的了解、核实和评价。

第三条　公务员平时考核坚持党管干部原则，坚持把政治标准放在首位，坚持严管和厚爱结合、激励和约束并重，坚持客观公正、精准科学，坚持注重实绩、奖惩分明，坚持分级分类、简便易行。

第四条 公务员平时考核由其所在机关组织实施，作为加强公务员日常管理的重要抓手，党委（党组）承担考核工作主体责任，组织（人事）部门承担具体工作责任。

公务员主管部门负责公务员平时考核工作的业务指导、综合管理和监督检查。

加强考核总量控制，除党中央、国务院统一部署和依照公务员法开展的考核外，机关不得自行设置以全体公务员为对象的经常性考核项目，防止多头考核、重复考核。

第五条 公务员平时考核以公务员的职位职责和所承担的工作任务为依据，及时了解公务员德、能、勤、绩、廉日常表现，重点考核深入学习贯彻习近平新时代中国特色社会主义思想、遵守政治纪律和政治规矩、践行党的群众路线、完成日常工作任务和阶段工作目标的情况，以及承担急难险重任务、处理复杂问题、应对重大考验的表现等。

对直接面向群众的窗口单位和服务部门的公务

员，应当突出考核服务态度、服务质量和服务承诺兑现情况，注重了解为群众办实事解难事的实效，关注群众获得感满意度。

第六条 机关可以结合职能职责和工作任务，区分不同类别、层级和职位公务员特点，设置考核指标。注重制定量化指标，加强对公务员完成工作的数量和质量的考核。不得简单将有没有台账记录、工作笔记等作为工作是否落实的标准，不得简单以留痕多少评判工作好坏，防止过度留痕。

第七条 公务员平时考核一般按照下列程序进行：

（一）个人小结。公务员对照机关要求、职责任务或者考核指标，如实对本人工作表现情况进行简要小结，以书面或者口头汇报形式报主管领导。

（二）审核评鉴。主管领导对公务员的个人小结进行审核，提出考核结果等次建议，由同级主要领导审定，也可以由领导班子或者机关组织（人事）部门审定。

审核评鉴应当结合日常了解、群众评价以及服务对象意见等情况，吸收运用绩效管理等成果，根据需要听取纪检监察机关意见，注重看公务员担当作为表现情况，综合研判，实事求是确定考核结果，防止简单依据个人小结对公务员作出评价。

对直接面向群众的窗口单位和服务部门的公务员，可以在一定范围内开展服务对象评议。

（三）结果反馈。有关领导或者机关组织（人事）部门采取适当方式，及时向公务员本人反馈考核结果，肯定成绩、指出不足，提出改进要求，听取本人意见。

机关根据工作性质和队伍特点，合理确定公务员平时考核周期，确保达到考核效果，减轻公务员负担，防止搞形式、走过场。

机关应当将公务员平时考核周期报同级公务员主管部门同意后组织实施。

第八条 公务员平时考核结果分为好、较好、一般和较差4个等次。

好等次公务员人数原则上掌握在本机关参加平时考核的公务员总人数的40%以内。评定为好等次的公务员，应当在本机关范围内公开。

好等次名额应当向基层一线和艰苦岗位公务员倾斜。

第九条 机关组织（人事）部门应当结合实际，提出评定平时考核结果等次的标准，对考核工作进行督促检查，及时掌握平时考核情况。

第十条 公务员在承担急难险重任务、处理复杂问题、应对重大考验时，表现突出、有显著成绩和贡献的，当期平时考核结果可以直接确定为好等次，并及时给予奖励。

公务员在重大关头、关键时刻不服从组织安排，或者推诿扯皮、敷衍塞责造成不良后果的，当期平时考核结果可以直接确定为较差等次。

第十一条 强化平时考核结果运用，根据考核结果有针对性地加强激励约束、培养教育，鼓励先进、鞭策落后，营造见贤思齐、比学赶超的良好氛围。

对平时考核结果为好等次的公务员，以适当方式及时予以表扬，可以按照有关规定给予物质奖励。对平时考核一贯表现优秀的公务员，在选拔任用、职务职级晋升、评先奖优等方面优先考虑。

对平时考核结果为一般等次的公务员，及时谈话提醒。对平时考核结果为较差等次的公务员，及时批评教育，必要时进行诫勉。发现存在违纪违法问题的，按照有关纪律和法律法规处理。机关应当根据具体情形，帮助引导公务员查找分析原因，制定整改措施，激发自我完善的内生动力，为其改进提高创造条件。

第十二条 平时考核结果与年度考核结果挂钩。年度考核确定为优秀等次的，应当从当年平时考核结果好等次较多且无一般、较差等次的公务员中产生。当年平时考核结果均为好等次的，年度考核可以在规定比例内优先确定为优秀等次。

当年平时考核结果一般、较差等次累计次数超过一半的，年度考核原则上应当确定为基本称职或者不称职等次。当年平时考核结果均为较差等次的，年度考核可以直接确定为不称职等次。

平时考核结果记入公务员年度考核登记表。对年度考核为优秀等次的公务员进行公示时，应当公示其当年平时考核结果等次。

第十三条 机关应当把平时考核发现的问题作为优化内部职能和人员配置的重要参考，完善工作机制，提高工作效能。

第十四条 公务员应当按照规定参加平时考核。

对无正当理由不参加的，或者在考核过程中有弄虚作假等行为的，视情况给予批评教育、责令检查；经教育后拒不改正的，当年年度考核确定为不称职等次。

公务员对本人考核结果有异议的，可以向机关组织（人事）部门反映。

派出参加学习培训、抽调参加专项工作的公务员，其平时考核由所在机关根据实际情况合理安排。公务员援派或者挂职期间，由接收单位进行平时考核。病、事假累计时间超过当期平时考核周期一半的，参加考核，不确定等次。

第十五条 严格考核工作纪律。严肃查处徇私舞弊、打击报复等行为。对于不按照规定组织开展平时考核、造成不良影响的，依规依纪作出处理。

第十六条 县级以上公务员主管部门可以根据平时考核工作开展情况，调整本辖区内机关年度考核优秀等次比例，调整后比例最高不超过35%。

第十七条 机关应当结合实际，运用互联网技术和信息化手段开展平时考核，提高考核工作智能化水平，力求简便快捷，防止繁琐操作。

第十八条 参照公务员法管理的机关（单位）

除工勤人员以外的工作人员的平时考核，参照本办法执行。

第十九条　本办法由中共中央组织部负责解释。

第二十条　本办法自 2020 年 1 月 1 日起施行。

公务员职务、职级与级别管理办法

（2019 年 12 月 23 日中共中央组织部制定　2020 年 3 月 3 日发布）

第一条　为了完善公务员领导职务、职级与级别设置和管理制度，健全公务员激励和保障机制，建设信念坚定、为民服务、勤政务实、敢于担当、清正廉洁的高素质专业化公务员队伍，根据《中华人民共和国公务员法》等有关法律法规和《公务员职务与职级并行规定》，制定本办法。

第二条　公务员领导职务、职级与级别设置和管理坚持以马克思列宁主义、毛泽东思想、邓小平理论、“三个代表”重要思想、科学发展观、习近平新时代中国特色社会主义思想为指导，贯彻新时代中国共产党的组织路线，坚持党管干部原则，加强党对公务员队伍的集中统一领导，遵循依法、科学、规范、效能的原则。

第三条 领导职务、职级与级别是实施公务员管理，确定公务员工资以及其他待遇的依据。

第四条 公务员级别由低至高依次为二十七级至一级。

第五条 公务员领导职务层次与级别的对应关系是：

（一）国家级正职：一级；

（二）国家级副职：四级至二级；

（三）省部级正职：八级至四级；

（四）省部级副职：十级至六级；

（五）厅局级正职：十三级至八级；

（六）厅局级副职：十五级至十级；

（七）县处级正职：十八级至十二级；

（八）县处级副职：二十级至十四级；

（九）乡科级正职：二十二级至十六级；

（十）乡科级副职：二十四级至十七级。

副部级机关内设机构、副省级城市机关的司局级正职对应十五级至十级；司局级副职对应十七级至十一级。

第六条 公务员领导职务与职级的设置、厅局级以下领导职务对应的最低职级、职级与级别的对应关系，按照有关规定执行。

第七条 确定公务员领导职务、职级，应当在规定的领导职务、职级序列和职数限额内，按照有关任职条件和程序进行。

第八条 晋升、降低领导职务、职级或者调任、转任以及因其他原因需要明确领导职务、职级的，按照拟任领导职务、职级任职条件等确定。

第九条 公务员晋升领导职务应当具备的资格条件，按照《党政领导干部选拔任用工作条例》和有关法律、法规、章程规定执行。其中，晋升乡科级领导职务的最低任职年限条件为：

（一）晋升乡科级正职领导职务的，应当任乡科级副职领导职务2年以上，或者任乡科级副职领导职务和三级、四级主任科员及相当层次职级累计2年以上，或者任三级、四级主任科员及相当层次职级累计2年以上，或者任四级主任科员及相当层次职级2年以上。

（二）晋升乡科级副职领导职务的，应当任一级科员及相当层次职级 3 年以上。

第十条 公务员级别应当根据其所任领导职务、职级及德才表现、工作实绩、资历确定。

第十一条 新录用的公务员试用期满考核合格后，职级、级别的确定按照有关规定执行。

第十二条 通过面向社会选拔、调任等方式进入机关的公务员，其级别按照新任领导职务、职级，结合本人原任职务、工作经历、文化程度等条件，参照机关同类人员确定。

第十三条 公务员晋升领导职务、职级后，原级别低于新任领导职务、职级对应最低级别的，晋升到新任领导职务、职级对应的最低级别；原级别已在新任领导职务、职级对应范围的，除晋升一级、三级调研员和一级、三级主任科员及相当层次职级外，在原级别的基础上晋升一个级别。

第十四条 公务员累计 5 年年度考核结果均为称职以上等次的，可以在领导职务、职级对应级别范围内晋升一个级别。

第十五条 担任领导职务的公务员辞去领导职务

后的级别确定，以及公务员因年度考核被确定为不称职等次、受到组织调整或者组织处理、受到处分应当降低领导职务、职级与级别的，按照有关规定执行。

第十六条 公务员受到诫勉、组织调整或者组织处理、处分等，遇有影响期且影响期未满或者期满影响使用的，以及有法律法规规定的其他影响晋升的情形的，不晋升领导职务、职级与级别。

第十七条 公务员级别的确定、晋升，按照管理权限，由决定其领导职务、职级任免的机关批准。

第十八条 县级以上公务员主管部门负责领导职务、职级与级别设置、确定工作的组织实施和监督管理。

第十九条 对不按照规定的职数要求、资格条件及程序等设置、确定公务员领导职务、职级与级别的，不予批准或者备案；已经作出的决定一律无效，由公务员主管部门按照管理权限予以纠正。

第二十条 对违反规定进行公务员领导职务、职级与级别确定的，应当根据具体情况，依规依纪依法追究负有责任的领导人员和直接责任人员的责任。

第二十一条 监察官、法官、检察官等职务、职级的设置和管理另行规定。

第二十二条 本办法由中共中央组织部负责解释。

第二十三条 本办法自发布之日起施行，2006年4月9日中共中央、国务院印发的《〈中华人民共和国公务员法〉实施方案》附件三《公务员职务与级别管理规定》同时废止。

公务员回避规定

（2011 年 12 月 8 日中共中央组织部、人力资源社会保障部制定　2011 年 12 月 12 日中共中央组织部、人力资源社会保障部发布　2020 年 12 月 8 日中共中央组织部部务会会议修订　2020 年 12 月 28 日中共中央组织部发布）

第一章　总　　则

第一条　为了加强对公务员的管理和监督，完善权力运行制约机制，防止利益冲突，保证公务员依法、公正执行公务，建设信念坚定、为民服务、勤政务实、敢于担当、清正廉洁的高素质专业化公务员队伍，根据《中华人民共和国公务员法》等有关法律法规，制定本规定。

第二条 公务员回避，是指机关依照法律法规规定，对公务员在有关职位担任领导职务或者职级、执行公务等作出限制或者调整。

公务员回避包括任职回避、地域回避和公务回避。

法律法规对公务员中领导成员以及监察官、法官、检察官等回避另有规定的，按照有关规定办理。

第三条 公务员回避工作坚持以马克思列宁主义、毛泽东思想、邓小平理论、“三个代表”重要思想、科学发展观、习近平新时代中国特色社会主义思想为指导，贯彻新时代党的组织路线和干部工作方针政策，加强党对公务员队伍的集中统一领导，坚持下列原则：

（一）党管干部；

（二）从严管理、注重预防、及时调整；

（三）客观公正；

（四）依法依规办事。

第四条 各级公务员主管部门按照管理权限和职责分工负责公务员回避工作的综合管理、业务指导和监督检查。各级机关按照管理权限负责公务员回避的组织实施。

第二章　任职回避

第五条　公务员凡有下列亲属关系的，不得在同一机关双方直接隶属于同一领导人员的职位或者有直接上下级领导关系的职位工作，也不得在其中一方担任领导职务的机关从事组织、人事、纪检、监察、审计和财务工作：

（一）夫妻关系；

（二）直系血亲关系，包括祖父母、外祖父母、父母、子女、孙子女、外孙子女；

（三）三代以内旁系血亲关系，包括伯叔姑舅姨、兄弟姐妹、堂兄弟姐妹、表兄弟姐妹、侄子女、甥子女；

（四）近姻亲关系，包括配偶的父母、配偶的兄弟姐妹及其配偶、子女的配偶及子女配偶的父母、三代以内旁系血亲的配偶。

本规定所列亲属关系，包括法律规定的拟制血亲关系。

本规定所称直接隶属，是指具有直接上下级领导关系；同一领导人员，包括同一级领导班子成员；直接上下级领导关系，包括上一级正副职与下一级正副职之间的领导关系。

第六条 有第五条所列亲属关系的，不得以录用、调任、聘任、转任等方式到其中一方担任领导成员的机关工作。

第七条 公务员不得在其配偶、子女及其配偶经营的企业、营利性组织的行业监管或者主管部门担任领导成员。

第八条 公务员任职回避按照以下程序办理：

（一）本人提出回避申请或者所在机关提出回避建议。

（二）组织人事部门按照管理权限进行审核，并提出回避意见报任免机关。在报任免机关决定前，应当听取公务员本人及相关人员的意见。

（三）任免机关作出决定。需要回避的，原则上在组织人事部门提出回避意见之日起 30 日内予以调整。一般由领导职务层次较低或者不担任领导职务的一方回避；领导职务层次相同或者均不担任领导职务的，根据工作需要和实际情况决定其中一方回避。

特殊情况下，任免机关可以直接作出回避决定。

第九条 机关执行任职回避确有困难的，公务员主管部门根据管理权限可以统筹协调安排。

第十条 因地域或者工作性质特殊，需要变通执行任职回避的，由省级以上公务员主管部门规定。

第三章 地域回避

第十一条 公务员担任乡（镇）党委和政府主要领导职务的，应当实行地域回避；公务员不得在本人成长地担任县（市）党委和政府主要领导职务，一般不得在本人成长地担任市（地、盟）党委和政府主要领导职务。

公务员不得在本人成长地担任县（市）纪委监委、组织部门、法院、检察院、公安部门主要领导职务，一般不得在本人成长地担任市（地、盟）纪委监委、组织部门、法院、检察院、公安部门主要领导职务。

民族自治地方的少数民族领导干部的地域回避按照有关法律规定并结合本地实际执行。

第十二条 公务员地域回避的程序按照本规定第八条的规定办理。

第四章 公务回避

第十三条 公务员应当回避的公务活动包括：

（一）考试录用、聘任、调任、领导职务与职级升降任免、考核、考察、奖惩、转任、出国（境）审批；

（二）巡视、巡察、纪检、监察、审计、仲裁、案件侦办、审判、检察、信访举报处理；

（三）税费稽征、项目和资金审批、招标采购、行政许可、行政处罚；

（四）其他应当回避的公务活动。

第十四条 公务员执行第十三条所列公务时，有下列情形之一的，应当回避，不得参加有关调查、讨论、审核、决定等，也不得以任何方式施加影响：

（一）涉及本人利害关系的；

（二）涉及与本人有本规定第五条所列亲属关系人员的利害关系的；

（三）其他可能影响公正执行公务的。

第十五条 公务员公务回避按照以下程序办理：

（一）本人或者利害关系人及时提出回避申请，或者主管领导提出回避要求。

（二）所在机关及时进行审查作出是否回避的决定，并告知申请人。

（三）对需要回避的，由所在机关调整公务安排。

特殊情况下，所在机关可以直接作出回避决定。

第五章 管理与纪律

第十六条 对拟进入机关的人员和拟晋升、转任等的人员，应当依据本规定加强事前提醒、严格审查把关，根据需要提前调整，避免形成回避关系。对因婚姻、职位变化等新形成的回避关系，应当及时予以调整。

第十七条 公务员应当服从回避决定。无正当理由拒不服从的，应当予以免职或者降职使用，直至不再形成回避关系。

公务员应当及时主动报告需要回避的情形。有需要回避的情形不及时报告或者故意隐瞒的，应当区分不同情况，予以批评教育、责令检查、诫勉、组织调整或者组织处理；影响公正执行公务，造成不良后果的，应当给予相应处分。

第十八条 对个人、组织反映公务员需要回避的，有关机关应当按照管理权限及时处理。

第十九条 在公务员回避工作中，对有不按照规定审核回避条件、办理回避申请、作出回避调整等情形的，区分不同情况，予以责令纠正或者宣布无效；根据情节轻重，依规依纪依法追究负有责任的领导人员和直接责任人员责任。

第二十条 各级公务员主管部门应当结合公务员管理信息系统建设，推进公务员回避工作信息化、规范化。

第六章 附 则

第二十一条 国家驻外机构公务员的回避，由有关部门另行规定。

第二十二条 参照公务员法管理的机关（单位）中除工勤人员以外的工作人员的回避，参照本规定执行。

第二十三条 本规定由中共中央组织部负责解释。

第二十四条 本规定自发布之日起施行。

公务员奖励规定

（2007 年 12 月 25 日中共中央组织部部务会会议审议批准　2008 年 1 月 4 日中共中央组织部、人事部发布　2020 年 12 月 8 日中共中央组织部部务会会议修订　2020 年 12 月 28 日中共中央组织部发布）

第一章　总　　则

第一条　为了加强和规范公务员奖励工作，建设信念坚定、为民服务、勤政务实、敢于担当、清正廉洁的高素质专业化公务员队伍，根据《中华人民共和国公务员法》等有关法律法规，制定本规定。

第二条　公务员奖励，是指对政治素质过硬，工作表现突出，有显著成绩和贡献，或者有其他突出事迹的公务员、公务员集体，依据本规定给予的奖励。

公务员集体的奖励适用于按照编制序列设置的机

构或者为完成专项任务组成的工作集体。

第三条 公务员奖励工作坚持以马克思列宁主义、毛泽东思想、邓小平理论、“三个代表”重要思想、科学发展观、习近平新时代中国特色社会主义思想为指导，贯彻新时代党的组织路线和干部工作方针政策，适应推进国家治理体系和治理能力现代化需要，服务党和国家工作大局，把政治标准放在首位，强化正向激励，弘扬奋斗精神，发挥先进典型引领作用，坚持下列原则：

（一）以德为先，突出功绩导向；

（二）依法依规，做到公开、公平、公正；

（三）发扬民主，注重群众公认；

（四）定期奖励与及时奖励相结合，精神奖励与物质奖励相结合、以精神奖励为主。

第四条 中央公务员主管部门负责全国公务员奖励的综合管理工作。县级以上地方各级公务员主管部门负责本辖区内公务员奖励的综合管理工作。上级公务员主管部门指导下级公务员主管部门的公务员奖励工作。各级公务员主管部门指导同级各机关的公务员奖励工作。

第二章　奖励的条件和种类

第五条　公务员、公务员集体有下列情形之一的，给予奖励：

（一）忠于职守，积极工作，勇于担当，工作实绩显著的；

（二）遵纪守法，廉洁奉公，作风正派，办事公道，模范作用突出的；

（三）在工作中有发明创造或者提出合理化建议，取得显著经济效益或者社会效益的；

（四）为增进民族团结，维护社会稳定做出突出贡献的；

（五）爱护公共财产，节约国家资财有突出成绩的；

（六）防止或者消除事故有功，使国家和人民群众利益免受或者减少损失的；

（七）在抢险、救灾等特定环境中做出突出贡献的；

（八）同违纪违法行为作斗争有功绩的；

（九）在对外交往中为国家争得荣誉和利益的；

（十）有其他突出功绩的。

第六条 对公务员、公务员集体的奖励分为：嘉奖、记三等功、记二等功、记一等功、授予称号。

（一）对表现突出的，给予嘉奖；

（二）对做出较大贡献的，记三等功；

（三）对做出重大贡献的，记二等功；

（四）对做出杰出贡献的，记一等功；

（五）对功绩卓著的，授予“人民满意的公务员”、“人民满意的公务员集体”等称号。

第三章 奖励的权限和程序

第七条 给予公务员、公务员集体的奖励，经同级公务员主管部门或者市（地）级以上机关干部人事部门审核后，按照下列权限审批：

（一）嘉奖、记三等功，由县级以上党委和政府或者市（地）级以上机关批准。

（二）记二等功，由市（地）级以上党委和政府或者省级以上机关批准。

（三）记一等功，由省级党委和政府或者中央和国家机关批准。

经省委同意，副省级城市党委和政府可以对本地区公务员、公务员集体给予记一等功奖励。

（四）授予称号，由省级以上党委和政府批准。

对下级单位实行垂直管理或者实行双重领导并以上级单位领导为主的机关，可以按照奖励权限，对本系统公务员、公务员集体给予奖励。

市（地）级以上机关可以按照奖励权限，对本系统公务员、公务员集体开展及时奖励。

由市（地）级以上机关审批的奖励，应当事先将奖励实施方案报同级公务员主管部门审核。

第八条 给予公务员、公务员集体奖励，一般按下列程序进行：

（一）公务员、公务员集体做出显著成绩和贡献需要奖励的，由所在机关（部门）在征求群众意见的基础上，提出奖励建议；

（二）按照规定的奖励审批权限上报；

（三）审核机关（部门）审核后，在一定范围内公示不少于 5 个工作日。如涉及国家秘密不宜公示的，按照有关规定不予公示；

（四）审批机关批准，并予以公布。

《公务员奖励审批表》存入公务员本人干部人事档案；《公务员集体奖励审批表》存入获奖集体所在机关文书档案。

开展及时奖励可以适当简化程序，必要时由审批机关直接确定奖励对象。

第九条 审批机关给予公务员、公务员集体奖励，必要时，应当按照干部管理权限，征得主管机关同意，并征求纪检监察机关和有关部门意见。

第四章 奖励的实施

第十条 对在本职工作中表现突出、有显著成绩的，应当定期给予奖励。其中，对年度考核被确定为优秀等次的公务员，予以嘉奖；连续3年被确定为优秀等次的，记三等功。授予称号，一般每3至5年开展一次。

对在处理突发事件和承担专项重要工作中做出显著成绩的，应当及时给予奖励。奖励种类和数量根据相关工作重要程度和成效、参与工作人员贡献和数量等因素确定。

对符合奖励条件的已故人员，可以追授奖励。

第十一条 对获得奖励的公务员、公务员集体，由审批机关颁布奖励决定，颁发奖励证书。同时对获得记三等功以上奖励的公务员颁发奖章、公务员集体颁发奖牌。

公务员、公务员集体的奖励证书、奖章和奖牌，按照规定的式样、规格、质地，由省级以上公务员主管部门统一制作或者监制。

第十二条 对获得奖励的公务员，按照规定标准给予一次性奖金。中央公务员主管部门会同国务院财政部门，根据国家经济社会发展水平，适时调整公务员奖金标准。

公务员奖励所需经费，应当列入各部门预算，予以保障。

第十三条 公务员奖励作为公务员考核和晋升职务职级的重要参考。

对在处理突发事件和承担专项重要工作中做出显著成绩、获得记三等功以上奖励的公务员，当年年度考核确定优秀等次时予以倾斜。获得记三等功以上奖励的公务员集体，按照有关规定可以适当提高当年年度考核优秀等次比例。对获得记二等功以上奖励的公务员、公务员集体所属工作人员，可以由公务员主管部门或者所在机关组织开展休假疗养、学习培训、参观考察等活动。

获得“人民满意的公务员”称号的公务员，按照有关规定享受省部级以上表彰奖励获得者待遇。

第十四条 采取多种形式，广泛宣传获得奖励的公务员、公务员集体先进事迹。重大典型事迹编入公务员培训教材，列入公务员培训内容。

第十五条 公务员奖励应当严格标准、控制数量，注重向基层和工作一线倾斜。

第十六条 对获得奖励的公务员、公务员集体，可以采取适当形式予以表彰。授予公务员、公务员集体称号，一般应当召开表彰大会。表彰形式应当庄重、节俭。

第十七条 按照国家规定，可以向参与特定时期、特定领域重大工作的公务员颁发纪念证书或者纪念章。

第五章　奖励的监督

第十八条　各地区各部门不得自行设立本规定之外的其他种类的公务员奖励，不得违反规定标准发放奖金，不得重复发放奖金。

第十九条　公务员、公务员集体因涉嫌违纪违法正在接受组织调查的，暂停实施奖励。具有下列情形之一的，应当撤销奖励：

（一）弄虚作假，骗取奖励的；

（二）申报奖励时隐瞒严重错误或者严重违反规定程序的；

（三）有严重违纪违法等行为，影响称号声誉的；

（四）有法律、法规规定应当撤销奖励的其他情形的。

第二十条　撤销奖励，由原申报机关按程序报审批机关批准，由审批机关作出撤销决定，并在一定范围内通报。必要时，审批机关可以直接撤销奖励。

公务员、公务员集体获得的奖励被撤销后，审批机关应当收回并注销奖励证书、奖章或者奖牌，停止其享受的有关待遇。撤销奖励的决定存入公务员本人干部人事档案或者公务员集体所在机关文书档案。

第二十一条 公务员主管部门和有关机关应当及时受理对公务员奖励工作的举报，并按照有关规定处理。

对在公务员奖励工作中徇私舞弊、弄虚作假或者有其他违纪违法行为的，依规依纪依法追究负有责任的领导人员和直接责任人员责任。

第二十二条 市（地）级以上机关应当将上一年度实施公务员奖励工作情况，报送同级公务员主管部门备案。县级以上公务员主管部门将本地区上一年度实施公务员奖励工作情况，报送上级公务员主管部门备案。

第六章 附 则

第二十三条 参照公务员法管理的机关（单位）中除工勤人员以外的工作人员和集体的奖励，参照本规定执行。

第二十四条　本规定由中共中央组织部负责解释。

第二十五条　本规定自发布之日起施行。

附件：略

公务员培训规定

（2008年6月27日中共中央组织部、人力资源社会保障部制定 2019年10月15日中共中央组织部修订 2019年11月26日发布）

第一章 总 则

第一条 为推进公务员培训工作科学化、制度化、规范化，建设信念坚定、为民服务、勤政务实、敢于担当、清正廉洁的高素质专业化公务员队伍，根据《中华人民共和国公务员法》、《干部教育培训工作条例》和有关法律法规，制定本规定。

第二条 公务员培训必须把学习贯彻习近平新时代中国特色社会主义思想作为首要任务，把提高治理能力作为重大任务，加强思想淬炼、政治历练、实践锻炼、专业训练，高质量培训公务员、高水平服务党和国家事业发展，体现不同类别、不同层级、不同岗位公务员能力素质需要，着力增强时代性、针对性、有效性。

第三条 公务员培训坚持以马克思列宁主义、毛泽东思想、邓小平理论、“三个代表”重要思想、科学发展观、习近平新时代中国特色社会主义思想为指导，贯彻新时代中国共产党的组织路线，坚持下列原则：

（一）党管干部；

（二）政治统领，服务大局；

（三）以德为先，从严管理；

（四）突出重点，注重实效；

（五）分类分级，精准科学；

（六）联系实际，改革创新。

第四条 公务员培训情况、学习成绩作为公务员考核的内容和任职、晋升的依据之一。

第五条 中央公务员主管部门负责全国公务员培训的综合管理工作。

中央和国家机关各部门按照职责分工，负责相关的公务员培训工作，指导本行业本系统公务员培训。

地方各级公务员主管部门负责本辖区公务员培训的综合管理工作。

地方各级公务员所在机关按照干部管理权限，负责组织实施本机关的公务员培训工作。

公务员主管部门应当会同有关部门对公务员培训工作进行监督检查，制止和纠正违反本规定的行为，并对有关责任人员提出处理意见和建议。

第二章　培训对象

第六条　公务员有接受培训的权利和义务。

第七条　公务员培训的对象是全体公务员。公务员主管部门和公务员所在机关根据公务员工作岗位和职业发展需要安排公务员参加相应的培训。

担任县处级以上领导职务的公务员每 5 年应当参加党校（行政学院）、干部学院，以及经公务员主管部门或者公务员所在机关认可的其他培训机构累计 3 个月或者 550 学时以上的培训。提拔担任领导职务的公务员，确因特殊情况在提任前未达到培训要求的，应当在提任后 1 年内完成培训。

其他公务员参加培训的时间一般每年累计不少于 12 天或者 90 学时。

有计划地加强对优秀年轻公务员的培训。

第八条 公务员应当服从组织调训，遵守培训的规章制度，完成规定的培训任务。培训经考核合格后，获得相应的培训结业证书。

公务员参加培训期间违反培训有关规定和纪律的，视情节轻重，给予批评教育、责令检查、诫勉、组织调整或者组织处理、处分。弄虚作假获取培训经历、学历或者学位的，按照有关规定严肃处理。

第九条 公务员按规定参加组织选派的脱产培训期间，其工资和各项福利待遇与在岗人员相同，一般不承担所在机关的日常工作、出国（境）考察等任务。因特殊情况确需请假的，必须严格履行手续。

公务员个人参加社会化培训，费用一律由本人承担，不得由财政经费和单位经费报销，不得接受任何机构和他人的资助或者变相资助。

第三章 培训内容

第十条 突出政治素质，把深入学习贯彻习近平新时代中国特色社会主义思想作为公务员培训的重中之重，持续加强党的理论和路线方针政策、理想信念教育，强化党史、新中国史、改革开放史学习，引导公务员增强“四个意识”，坚定“四个自信”，做到“两个维护”，自觉在思想上政治上行动上同以习近平同志为核心的党中央保持高度一致。

第十一条 围绕中心，服务大局，培养公务员专业能力、专业精神，提高制度执行力和治理能力。加强形势任务教育，紧扣统筹推进“五位一体”总体布局和协调推进“四个全面”战略布局、贯彻落实新发展理念、深化供给侧结构性改革、实施七大战略、打赢三大攻坚战和推动“一带一路”建设等党中央重大决策部署，根据岗位特点和工作要求，有针对性地开展履行岗位职责所必备的能力素质、知识体系培训和廉政警示、职业道德教育，引导公务员强化宗旨意识，发扬斗争精神，勇于担当作为，不断提高用习近平新时代中国特色社会主义思想指导分析和解决问题、适应新时代中国特色社会主义发展要求的能力。

第十二条 推进分类分级培训，加强培训需求调研。

综合管理类公务员，强化公共管理和公共服务等培训。专业技术类公务员，强化专业知识和专业技能等培训。行政执法类公务员，强化法律法规和执法技能等培训。

领导机关公务员，强化政策制定、调查研究等能力培训。基层公务员，强化社会治理、联系服务群众等能力培训。

第四章 培训类型

第十三条 公务员培训主要分为初任培训、任职培训、专门业务培训和在职培训等。

第十四条 初任培训是对新录用公务员进行的培训，重点提高其思想政治素质和依法依规办事等适应机关工作的能力。

初任培训由公务员主管部门统一组织，主要采取公务员主管部门统一举办初任培训班和公务员所在机关结合实际开展入职培训的形式进行。专业性较强的机关按照公务员主管部门的统一要求，可自行组织初任培训。

初任培训中应当组织新录用公务员公开进行宪法宣誓。

初任培训应当在试用期内完成，时间一般不少于12 天。

第十五条 任职培训是按照新任职务的要求，对晋升领导职务的公务员进行的培训，重点提高其胜任职务的政治能力和领导能力。

任职培训应当在公务员任职前或者任职后一年内进行。

担任县处级副职以上领导职务的公务员任职培训时间一般不少于 30 天，担任乡科级领导职务的公务员任职培训时间一般不少于 15 天。

调入机关任领导职务的公务员，依照前款规定参加任职培训。

第十六条 专门业务培训是根据公务员从事专项

工作的需要进行的专业知识和技能培训，重点提高公务员的业务工作能力。

专门业务培训的时间和要求由公务员所在机关根据需要确定。

中央公务员主管部门对专业技术类、行政执法类公务员专门业务培训加强宏观指导。

第十七条 在职培训是对全体公务员进行的培训，目的是及时学习领会党中央决策部署、提高政治素质和工作能力、更新知识。

在职培训重点增强公务员素质能力培养的系统性、持续性、针对性、有效性，时间和要求由各级公务员主管部门和公务员所在机关根据需要确定。

第十八条 没有参加初任培训或者初任培训考核不合格的新录用公务员，不能任职定级。

没有参加任职培训或者任职培训考核不合格的公务员，应当根据不同情况，按有关规定处理。

专门业务培训考核不合格的公务员，不得从事专门业务工作。

公务员因故未按规定参加培训或者未达到培训要求的，应当及时补训。无正当理由不参加培训的公务员，根据情节轻重，给予批评教育、责令检查、诫勉、组织调整或者组织处理、处分。培训考核不合格的，年度考核不得确定为优秀等次。

第五章　培训方式与方法

第十九条　坚持和完善组织调训制度。

公务员主管部门负责制定公务员调训计划，选调公务员参加脱产培训。公务员所在机关按照计划完成调训任务。

第二十条　建立健全公务员在职自学制度。

鼓励公务员本着工作需要、学用一致的原则参加有关学历学位教育和其他学习。其中，参加学历学位教育应当按照干部管理权限履行审批程序。

公务员所在机关应当为公务员在职自学提供必要的条件。

第二十一条　充分运用现代信息技术，完善公务员网络培训制度，建设精品课程库，提高培训教学和管理的信息化水平。

第二十二条　公务员主管部门根据工作需要，严格规范和改进公务员境外培训工作，突出重点、注重实效，择优选派培训对象，合理确定培训机构，严格培训过程管理和效果评价。

第二十三条 公务员培训应当根据内容要求和公务员特点，综合运用讲授式、研讨式、案例式、模拟式、体验式等教学方法，实现教学相长、学学相长。

引导和支持公务员培训方式方法创新。

第六章 培训保障

第二十四条 建强培训保障体系，确保培训任务完成，提升培训质量。

第二十五条 加强公务员培训机构建设，构建分工明确、优势互补、布局合理、竞争有序的公务员培训机构体系。鼓励公务员培训机构开展交流协作，推动优质培训资源共享。

第二十六条 党校（行政学院）、干部学院和社会主义学院应当按照职能分工开展公务员培训工作。

部门和系统的公务员培训机构，应当按照各自职责，承担本部门和本系统的公务员培训任务，也可以根据需要接受委托培训。

公务员主管部门和公务员所在机关可以委托符合条件的高等学校、科研院所、社会培训机构等承担公务员培训任务。

公务员培训机构必须贯彻执行党和国家干部教育培训方针政策和法律法规。对违反规定的，由有关部门责令限期整改，逾期不改的给予通报批评；情节严重的，由有关部门对负有责任的领导人员和直接责任人员给予处分，对有关社会培训机构建立退出机制。

统筹用好干部党性教育基地、党员教育基地、公务员实践教育基地、爱国主义教育基地等。

第二十七条 按照政治合格、素质优良、规模适当、结构合理、专兼结合的原则，加强师资队伍建设。

省级以上公务员主管部门应当采取适当形式建立完善公务员培训师资库，建立准入和退出机制。

从事公务员培训工作的教师，必须对党忠诚、政治坚定，严守纪律、严谨治学，具有良好的职业道德修养、较高的理论政策水平、扎实的专业知识基础，有一定的实际工作经验。必须严守讲坛纪律，不得传播违反党的理论和路线方针政策、违反中央决定的错误观点。对违反讲坛纪律的，给予批评教育直至处分。

第二十八条 建立科学规范、务实管用、各具特色的公务员培训教材体系，适应不同类别、不同层级、不同岗位公务员学习的需要。

第二十九条 通过培训、交流等措施加强公务员培训管理者队伍建设。加强公务员培训理论研究。

第三十条 公务员培训所需经费列入各级政府年度财政预算，并随着财政收入增长逐步提高。对重要培训项目予以重点保证。

加强对公务员培训经费的管理，完善有关规定，厉行勤俭节约，保证专款专用，提高培训经费使用效益。

第三十一条 充分发挥不同区域互补优势，积极促进各地区公务员培训交流合作。加强公务员对口培训，加大对革命老区、民族地区、边疆地区、贫困地区公务员培训支持力度，推动优质培训资源向基层延伸倾斜。

第七章　培训登记与评估

第三十二条　公务员的培训实行登记管理。

公务员所在机关建立和完善公务员培训档案，对公务员参加培训的种类、内容、时间和考试考核结果等情况进行登记。

公务员参加脱产培训情况应当记入公务员年度考核登记表，参加 2 个月以上的脱产培训情况应当记入干部任免审批表。

第三十三条　公务员培训的考核一般由培训主办单位或者培训机构实施，并将考核情况及时反馈公务员所在机关。

第三十四条　公务员主管部门负责对公务员培训机构进行评估，评估内容主要包括办学方针、培训质量、师资队伍、组织管理、学风建设、基础设施、经费保障等。

公务员培训主办单位要对培训班进行评估，也可委托培训机构进行，评估内容主要包括培训设计、培训实施、培训管理和培训效果等。

评估结果作为改进培训工作、提高培训质量的重要依据。

第八章　附　　则

第三十五条　参照公务员法管理的机关（单位）中除工勤人员以外的工作人员的培训，参照本规定执行。

第三十六条　本规定由中共中央组织部负责解释。

第三十七条　本规定自 2019 年 11 月 26 日起施行。

公务员初任培训办法（试行）

（2021 年 8 月 25 日中共中央组织部制定　2021 年 9 月 17 日发布）

第一条　为提高公务员初任培训工作科学化、制度化、规范化水平，加强源头培养和战略培养，建设信念坚定、为民服务、勤政务实、敢于担当、清正廉洁的高素质专业化公务员队伍，根据《中华人民共和国公务员法》和《干部教育培训工作条例》、《公务员培训规定》等有关法律法规，制定本办法。

第二条　本办法适用于对新录用公务员进行的初任培训。

初任培训一般由市（地）级以上公务员主管部门统一组织。新录用公务员所在机关应当严格落实初任培训任务，做到应训尽训。专业性较强、新录用公务员较多的机关，经同级公务员主管部门同意，可按照统一要求自行组织初任培训，培训情况应当及时报送同级公务员主管部门。垂直管理部门、双重管理单位的公务员初任培训按照有关规定组织实施。

第三条 初任培训必须坚持以马克思列宁主义、毛泽东思想、邓小平理论、“三个代表”重要思想、科学发展观、习近平新时代中国特色社会主义思想为指导，突出政治标准和政治训练，重点提高新录用公务员思想政治素质和依法依规、按程序办事等适应机关工作的能力，教育引导新录用公务员增强“四个意识”、坚定“四个自信”、做到“两个维护”，牢记初心使命，加强党性修养、筑牢信仰之基，加强政德修养、打牢从政之基，严守纪律规矩、夯实廉政之基，健全基本知识体系、强化能力之基，走好公务员职业生涯第一步。

第四条 初任培训应当把习近平新时代中国特色社会主义思想作为主课、必修课，重点加强党的理论和路线方针政策，党中央重大决策部署，政治机关意识，理想信念宗旨，党史、新中国史、改革开放史、社会主义发展史，国家治理体系和治理能力现代化，宪法和法律，党章党规党纪和党风廉政建设，中国特色公务员制度，机关工作理念方法，国家安全和保密知识等培训。

各地区各部门应当结合实际完善公务员初任培训内容。

第五条 初任培训一般采取集中脱产培训的方式，主要采取公务员主管部门统一举办初任培训班和公务员所在机关结合实际开展入职培训的形式进行。根据需要可以采取线上培训和线下培训相结合等方式进行。

初任培训应当在试用期内完成，时间一般不少于12 天或者 90 学时。

第六条 公务员主管部门统一举办的初任培训班举行开班式，一般按照以下程序进行：

（一）集体宪法宣誓。宣誓场所、宣誓仪式和宣誓誓词参照国家工作人员宪法宣誓有关规定执行。监誓人一般由公务员主管部门负责同志担任。

（二）优秀公务员作事迹报告或者经验介绍。

（三）公务员主管部门负责同志作开班动员。

第七条 新录用公务员所在机关开展的入职培训是公务员初任培训的重要组成部分，应当按照新录用公务员类别、岗位和所在机关层级完善培训内容，重点加强习近平总书记有关重要论述和重要指示批示精神，所在机关职能职责和历史沿革、相关政策法规、业务知识技能、应急管理、办文办会办事程序、规章制度、优良传统作风，公务员职业道德，心理健康知识等培训。

入职培训可采取脱产培训、岗位实习等方式进行，根据需要可组织开展军训。新录用公务员较少的机关，可按照性质类似或者业务相近原则，与有关机关联合开展入职培训。县、乡机关新录用公务员的入职培训，可由县级公务员主管部门结合实际组织实施。

第八条 公务员主管部门、新录用公务员所在机关对初任培训应当坚持从严管理，严肃培训纪律，切实改进学风。

有关培训机构应当严格教师和学员管理，加强授课内容审查把关，确保授课内容政治立场、政治方向正确；落实中央组织部印发的《干部教育培训学员管理规定》，执行学员考勤等制度。授课教师必须对党忠诚、政治坚定，严守纪律、严谨治学，不得传播违反党的理论和路线方针政策、违反中央决定的错误观点。学员应当端正学习态度，认真参加培训，严格遵守学习培训、安全保密和廉洁自律各项规定。

第九条 新录用公务员所在机关或者有关培训机构应当采取开展培训内容测试、审核学员培训总结等形式，综合考虑学员考勤和遵守纪律情况，对学员参加初任培训的表现和成效进行考核评价。

公务员主管部门统一举办的初任培训班结束后，学员表现情况、考核评价结果由有关培训机构及时反馈学员所在机关。新录用公务员参加初任培训的情况作为试用期满考核的内容。没有参加初任培训或者初任培训考核不合格的新录用公务员，不能任职定级。

完善初任培训登记制度，新录用公务员试用期满时由所在机关组织填写《公务员初任培训考核表》（见附件）并存入干部人事档案。

第十条 公务员主管部门统一举办的初任培训班一般委托党校（行政学院）、干部学院、社会主义学院等组织实施，统筹用好干部党性教育基地、党员教育基地、公务员实践教育基地、廉政教育基地、爱国主义教育基地等优质培训资源。

各级公务员主管部门、新录用公务员所在机关和有关培训机构应当采取措施提高初任培训师资水平，组织政策理论水平高、机关工作经验丰富的领导干部、公务员先进典型和业务骨干上讲台；完善初任培训课程体系，组织开发培训课程，及时更新课程内容；组织学好用好公务员初任培训全国统编教材。中央和国家机关各部门、省级公务员主管部门可根据需要，组织编写体现本行业本系统本地区特点的培训资料。

公务员初任培训所需经费按规定列入财政预算。各地区各部门组织人事部门应当结合实际编制公务员初任培训经费预算，严格落实培训经费管理有关规定。

第十一条 有关培训机构组织开展初任培训质量评估，评估结果及时反馈公务员主管部门。

公务员主管部门适时采取召开座谈会、问卷调查、实地走访或者第三方评估等形式，对新录用公务员素质能力、履职情况进行跟踪评估，评估结果作为改进完善初任培训工作的重要依据。

第十二条 参照公务员法管理的机关（单位）中除工勤人员以外的工作人员的初任培训，参照本办法执行。

第十三条 本办法由中共中央组织部负责解释。

第十四条 本办法自发布之日起施行。

附件：略

行政执法类公务员培训办法（试行）

（2021 年 8 月 25 日中共中央组织部制定 2021 年 9 月 17 日发布）

第一条 为增强行政执法类公务员培训的针对性、有效性、规范性，建设德才兼备的高素质专业化行政执法类公务员队伍，根据《中华人民共和国公务员法》和《干部教育培训工作条例》、《行政执法类公务员管理规定（试行）》、《公务员培训规定》等有关法律法规，制定本办法。

第二条 本办法适用于对公安、司法行政、生态环境、住房城乡建设（城市管理）、交通运输、农业农村、文化和旅游、应急管理、海关、税务、市场监管等机关行政执法类公务员进行的培训。

第三条 行政执法类公务员培训必须坚持以马克

思列宁主义、毛泽东思想、邓小平理论、“三个代表”重要思想、科学发展观、习近平新时代中国特色社会主义思想为指导，坚持突出政治标准，坚持分类分级、实战实用，坚持严格管理、精准高效。

第四条 行政执法类公务员培训要适应新时代全面依法治国需要，按照政治过硬、业务过硬、责任过硬、纪律过硬、作风过硬的要求，以建设革命化、正规化、专业化、职业化的行政执法类公务员队伍为目标，教育引导行政执法类公务员增强“四个意识”、坚定“四个自信”、做到“两个维护”，牢记初心使命，忠于党、忠于国家、忠于人民、忠于法律，严格规范公正文明执法，不断提高行政执法能力水平和行政执法效能。

第五条 中央公务员主管部门负责全国行政执法类公务员培训的宏观指导。

中央和国家机关有关部门按照职责分工，负责研究制定本行业本系统行政执法类公务员的能力素质标准、执法行为规范、培训办法和规划、培训结果考核和运用制度等，指导本行业本系统行政执法类公务员培训工作，建立行政执法类公务员标准化制度化培训机制，开展示范培训。

地方各级公务员主管部门应当按照分类培训的要求，推进本地区行政执法类公务员培训工作。

地方有关部门、行政执法类公务员所在机关分别负责组织实施本地区本行业、本机关行政执法类公务员培训工作。

第六条 行政执法类公务员培训内容应当注重增强时代性、针对性和实用性，重点抓好思想政治素质、业务工作能力、职业道德水准、廉政警示教育等培训。

思想政治素质培训应当以习近平新时代中国特色社会主义思想为中心内容，突出习近平法治思想、总体国家安全观，加强中国特色社会主义法治理论，理想信念宗旨，政治纪律和政治规矩，党史、新中国史、改革开放史、社会主义发展史等教育。

业务工作能力培训应当包括掌握宪法和法律法规以及有关专业知识，严格遵守执法程序，培养法律逻辑和法治思维，提升法律政策运用能力、防控风险能力、应急处突能力、群众工作能力、科技应用能力、舆论引导能力和有关执法技能，强化心理和体能素质等内容。根据综合执法需要，做到干什么学什么、缺什么补什么。

职业道德水准培训应当包括坚持以人民为中心的根本立场，践行社会主义核心价值观和社会主义法治理念，遵守执法行为准则，责任意识、担当精神、斗争精神等内容。

廉政警示教育培训应当包括廉洁自律、执法纪律规矩、执法监督，执法不规范、不严格、不透明、不文明以及不作为、乱作为典型案例等内容。

第七条 加强行政执法类公务员培训工作统筹，严格落实公务员初任培训、任职培训、专门业务培训、在职培训有关规定，做好与行政执法资格培训的衔接。

行政执法类公务员初任培训重在夯实基础，应当适应新身份、新岗位的要求，突出政治训练和行政执法基本知识、常用技能培训。

行政执法类公务员任职培训重在提高站位，应当适应抓执法工作、带执法队伍的要求，突出政治能力、领导能力、决策能力、执行能力、依法办事能力、现场控制能力和风险防控能力训练。

行政执法类公务员专门业务培训重在规范履职，应当适应专业化、专门化、精细化要求，严格按照行业标准，突出专业知识、专业能力、专业精神、专业作风训练。

行政执法类公务员在职培训重在及时跟进，应当适应新形势、新任务、新要求，突出新理念、新思想、新战略、新规定、新知识、新技能训练。

第八条 行政执法类公务员培训以脱产培训、岗位实训为主，采取集中轮训、专题培训、在线学习等方式，充分发挥网络培训优势，鼓励在职自学。根据多部门联合执法需要可开展联合培训。

突出行政执法类公务员培训特色，实行教、学、练、战一体化培训模式，开展大练兵、大比武、大竞赛，灵活运用讲授式、研讨式、模拟式、体验式等方法，强化案例教学、现场教学和岗位练兵，增强培训的吸引力、感染力和有效性。

第九条 行政执法类公务员培训应当坚持从严管理，严肃政治纪律、课堂纪律、保密纪律、廉洁纪律等，严格过程管理和学员管理，加强风险防范，确保培训安全。

第十条 开展行政执法类公务员培训考核，可以采取学分制、笔试、答辩、模拟操作等方式，重点考核实际执法能力。

培训考核结果作为上岗、任职、晋升等的依据之一，由所在机关按有关规定记录并存入干部人事档案。未按规定参加培训或者考核不合格的，按有关规定处理。

第十一条 加强行政执法类公务员培训相关培训机构（基地）、师资队伍、课程体系、教材体系建设，提高标准化水平。

中央和地方有关部门负责建立并动态调整本行业本系统行政执法类公务员培训机构（基地）名单，指导加强行政执法教学特色基地建设，指导培训机构（基地）紧扣主责主业，突出行业特色，深化教学改革，加强规范管理，强化场所、设施、装备、器材等支撑保障，优化考核评估，提高培训质量。

中央和地方有关部门、有关培训机构（基地）应当加强行政执法类公务员培训师资队伍建设，注重选聘政治素质高、法治观念强、法治素养深厚、执法经验丰富、授课效果好的教师教官、领导干部、专家学者、先进模范、业务骨干充实师资队伍；根据需要组织开发特色培训课程，完善培训课程体系，及时更新课程内容，建立并及时更新本行业本系统行政执法类公务员应知应会法律法规和专业技能清单，统筹建好用好网络学习平台；加强行政执法类公务员培训教材体系建设，组织编写不同科目培训大纲。

行政执法类公务员培训所需经费按规定列入财政预算。各级有关部门应当结合实际编制行政执法类公务员培训经费预算，严格落实培训经费管理有关规定。

第十二条 中央和地方有关部门定期对本行业本系统行政执法类公务员培训工作进行评估，评估结果及时反馈同级公务员主管部门，作为改进完善行政执法类公务员培训工作的重要依据。

第十三条 参照公务员法管理的机关（单位）中从事行政执法工作的工作人员的培训，参照本办法执行。

第十四条 本办法由中共中央组织部负责解释。

第十五条 本办法自发布之日起施行。

公务员调任规定

（2008 年 2 月 29 日中共中央组织部、人事部制定　2019 年 10 月 15 日中共中央组织部修订　2019 年 11 月 26 日发布）

第一章　总　　则

第一条　为拓宽选人视野和渠道，优化公务员队伍结构，规范公务员调任工作，建设信念坚定、为民服务、勤政务实、敢于担当、清正廉洁的高素质专业化公务员队伍，根据《中华人民共和国公务员法》（以下简称公务员法）和有关法律法规，制定本规定。

第二条　本规定所称调任，是指国有企业、高等院校和科研院所以及其他不参照公务员法管理的事业单位中从事公务的人员调入机关担任领导职务或者四级调研员以上及其他相当层次的职级。

调任职级公务员应当主要补充机关紧缺的优秀专业人才。

调任领导成员另有规定的，从其规定。

第三条 公务员调任坚持以马克思列宁主义、毛泽东思想、邓小平理论、“三个代表”重要思想、科学发展观、习近平新时代中国特色社会主义思想为指导，贯彻新时代中国共产党的组织路线和干部工作方针政策，突出政治标准，根据工作和队伍建设需要以及资格条件，坚持组织安排与个人意愿相结合，从严掌握，择优任用，坚持下列原则：

（一）党管干部；

（二）德才兼备、以德为先，五湖四海、任人唯贤；

（三）事业为上、人岗相适、人事相宜；

（四）公道正派、注重实绩、群众公认；

（五）依法依规办事。

第四条 调任应当在规定的编制限额和职数内进行，并有相应的职位空缺。

第五条 各级公务员主管部门按照管理权限和职责分工负责公务员调任工作的综合管理和监督检查。

第二章　调任资格条件

第六条　调任人选除应当具备公务员法第十三条规定的条件外，还应当具备下列资格条件：

（一）政治立场坚定、政治素质过硬，增强“四个意识”、坚定“四个自信”、做到“两个维护”。

（二）具有胜任工作的能力素质、文化水平和专业素养，勤奋敬业、实绩突出。

（三）具有与拟调任职位要求相当的工作经历和任职资历。

（四）具备公务员法及其配套法规规定的晋升至拟任职务职级累计所需的最低工作年限。

专业技术人员调入机关任职的，应当担任副高级专业技术职务2年以上，或者已担任正高级专业技术职务。

（五）调入中央机关、省级机关任职的，应当具有大学本科以上文化程度；调入市（地）级以下机关任职的，应当具有大学专科以上文化程度。

（六）调任厅局级领导职务或者一级、二级巡视员及其他相当层次职级的，原则上不超过 55 周岁；调任县处级领导职务、县级和乡镇机关乡科级领导职务或者一级至四级调研员及其他相当层次职级的，原则上不超过 50 周岁；调任其他乡科级领导职务的，原则上不超过 45 周岁。

（七）符合法律、法规、章程规定的其他条件。

因工作特殊需要，前款第（四）、（五）、（六）项所列条件需适当调整的，应当符合下列情形之一：领导班子结构需要或者调任职位有特殊要求的；专业性较强的岗位或者重要专项工作急需的；艰苦边远地区、贫困地区急需引进的。调整时，市（地）级以下机关应当按照干部管理权限报上一级公务员主管部门批准同意，省级以上机关应当按照干部管理权限报同级公务员主管部门批准同意。

必要时，省级公务员主管部门可根据本地区干部人才队伍实际，对第一款第（四）、（五）、（六）项条件作统一规定，报中央公务员主管部门同意后实施。

第七条 公务员调出机关后拟再调入机关担任高于调出机关时所任职务职级的，应当具备从调出机关时所任职务职级晋升至拟调任职务职级所需的任职资格年限。

第八条 有下列情形之一的人员，不得调任：

（一）因犯罪受过刑事处罚的；

（二）被开除中国共产党党籍的；

（三）被开除公职的；

（四）被依法列为失信联合惩戒对象的；

（五）涉嫌违纪违法正在接受有关专门机关审查尚未作出结论的；

（六）受处分期间或者未满影响期限的；

（七）正在接受审计机关审计的；

（八）法律、法规规定的其他情形。

第三章 调任程序

第九条 调任按照以下程序进行：

（一）根据工作和队伍建设需要确定调任职位及调任条件；

（二）提出调任人选；

（三）征求调出单位意见；

（四）组织考察；

（五）集体讨论决定；

（六）调任公示；

（七）报批或者备案；

（八）办理调动、任职和公务员登记手续。

第十条 根据调任职位的要求，调任人选通过组织推荐方式产生。必要时，可以对调任人选进行考试。

第十一条 对调任人选应当进行严格考察，依据调任资格条件和调任职位的职责要求，全面考察德、能、勤、绩、廉等方面表现，突出政治标准，注重了解政治理论学习、制度执行力和治理能力情况，深入考察政治忠诚、政治定力、政治担当、政治能力、政治自律等方面情况，严把政治关、品行关、能力关、作风关、廉洁关，并形成书面考察材料。考察材料应当写实，评判应当全面、准确、客观，用具体事例反映调任人选的情况。

考察时，应当采取个别谈话、实地走访、同调任人选面谈等方法，根据需要也可以进行专项调查、延伸考察等，听取调任人选所在单位有关领导、群众和组织（人事）部门、纪检监察机关、机关党组织的意见，审核干部人事档案，查核个人有关事项报告，查询社会信用记录，对反映问题线索具体、有可查性的信访举报进行核查。所在单位应予积极配合，并提供客观、真实反映调任人选现实表现和廉政情况的材料。材料由调任人选所在单位党委（党组）提出结论性意见，必要时，由党委（党组）书记、纪委书记（纪检监察组组长）签字。

第十二条 根据考察情况集体讨论决定拟调任人员，并按照任前公示制有关规定在调出、调入单位予以公示。公示期不少于五个工作日。

第十三条 公示期满，对没有反映问题或者反映问题不影响调任的，按规定程序进行审批或者备案；对反映有严重问题未经查实的，待查实并作出结论后再决定是否调任。

第十四条 按照干部管理权限确定拟调任人员后，调入机关按照规定的权限办理审批或者备案。

地方省级以下机关调任公务员应当报市（地）级以上公务员主管部门审批。

呈报审批、备案的材料应当包括请示、公务员调任审批（备案）表、考察材料、调出单位意见和纪检监察机关提供的廉政情况；按规定需要进行经济责任审计的人员，应当对其进行审计，并提供审计机关的审计结论。

调任人员审批、备案后，办理调动手续，并按有关规定进行公务员登记。

第十五条 调任人员的级别和有关待遇，根据其调任职务职级，结合本人原任职务、工作经历、文化程度等条件，比照调入机关同等条件人员确定。

第十六条 调任人员除由国家权力机关依法任命职务的以外，一般实行任职试用期制，试用期为一年。试用期满考核合格的，正式任职；考核不合格的，另行安排工作。

第四章 纪律与监督

第十七条 调任应当遵守下列纪律：

（一）调任审批或者备案机关应当严格履行职责，认真审核把关，不得随意降低标准，放宽条件；

（二）调入机关应当严格履行有关程序，按照干部管理权限集体讨论决定，不得个人或者少数人说了算，弄虚作假，搞不正之风，不得将调任用于人员安置、解决待遇，不得突击调任人员；

（三）调出单位应当严格执行干部人事管理工作的有关法规、政策，提供真实情况，不得突击提拔；

（四）参加考察的人员应当如实反映考察情况和意见，不得隐瞒、歪曲事实真相；

（五）调任人员应当遵守有关规定，接到调动通知后，在规定期限内办理行政、工资关系等有关手续。

第十八条 调任工作中存在应当回避情形的，按照有关规定执行。

第十九条 对违反本规定的调任事项，呈报的不予批准，已经作出决定的宣布无效；对负有责任的领导人员和直接责任人员，根据情节轻重，给予批评教育、责令检查、诫勉、组织调整或者组织处理；涉嫌违纪违法需要追究责任的，依规依纪依法予以处分；涉嫌犯罪的，移送有关国家机关依法处理。

第五章 附 则

第二十条 国有企业、高等院校和科研院所以及其他不参照公务员法管理的事业单位中从事公务的人员调入参照公务员法管理的机关（单位）担任本规定第二条所列职务职级，参照本规定执行。

第二十一条 本规定由中共中央组织部负责解释。

第二十二条 本规定自 2019 年 11 月 26 日起施行。

附件：略

公务员公开遴选办法

（2013年1月24日中共中央组织部、人力资源社会保障部制定　2021年8月25日中共中央组织部修订　2021年9月17日发布）

第一章　总　　则

第一条　为优化领导机关公务员队伍结构，建立健全来自基层的公务员培养选拔机制，规范公务员公开遴选工作，根据《中华人民共和国公务员法》和《公务员转任规定》等有关法律法规，制定本办法。

第二条　本办法所称公开遴选，是指市（地）级以上机关从下级机关公开择优选拔任用内设机构公务员。

公开遴选是公务员转任方式之一，应当突出工作需要，保持适度规模。

公开遴选中涉及领导职务和职级升降、领导职务和职级互相转任的，按照有关规定办理。

第三条 公开遴选坚持党管干部原则，突出政治标准，坚持德才兼备、以德为先、任人唯贤，坚持事业为上、人岗相适、人事相宜，坚持公道正派、注重实绩、群众公认，坚持依法依规办事。

第四条 公开遴选应当在规定的编制限额和职数内进行，并有相应的职位空缺。

第五条 公开遴选一般按照下列程序进行：

（一）发布公告；

（二）报名与资格审查；

（三）考试；

（四）考察；

（五）决定与任职。

省级以上公务员主管部门可以根据需要对上述程序进行调整。

第六条 市（地）级以上公务员主管部门按照管理权限和职责分工负责公开遴选工作的综合管理。公开遴选机关按照公务员主管部门的要求，负责公开遴选有关工作。

公开遴选有关专业性、技术性、事务性工作，可以授权或者委托考试机构以及其他专业机构承担。

第七条 省级机关和市（地）级机关公开遴选，原则上面向本辖区内下级机关（含相应层级中央机关直属机构）公务员进行。因服务保障国家重大战略决策部署等需要面向本省（自治区、直辖市）以外进行的，省级公务员主管部门应当事先与中央公务员主管部门沟通。

省级公务员主管部门应当对本辖区内公开遴选工作进行统筹，合理确定时间和频次，一般应当集中开展。

第二章 申报计划与发布公告

第八条 公开遴选机关在进行公务员队伍结构和职位分析的基础上，根据工作需要，提出公开遴选职位及其资格条件，拟定公开遴选计划，报公务员主管部门审批。

第九条 组织公开遴选前，应当依据有关法律法规和政策规定，制定实施方案。

第十条 公开遴选应当面向社会发布公告。公告应当包括以下内容：

（一）公开遴选机关、职位、名额、职位简介和报考资格条件；

（二）公开遴选范围、程序、方式和相关要求；

（三）报名方式和需要提交的相关材料；

（四）考试科目、时间和地点；

（五）其他相关事项。

第三章 报名与资格审查

第十一条 公开遴选可由公务员本人申请并按照干部管理权限经组织审核同意后报名，也可征得本人同意后由组织推荐报名。

公务员所在机关党委（党组）或者公务员主管部门应当切实履行把关责任，充分考虑人选的政治素质、专业素养、工作实绩和一贯表现，对不符合报名资格条件的，不得同意或者推荐报名。

第十二条 报名参加公开遴选的公务员，应当具备下列资格条件：

（一）政治立场坚定、政治素质过硬，增强“四个意识”、坚定“四个自信”、做到“两个维护”；

（二）具有良好的业务素质，品行端正，实绩突出，群众公认；

（三）一般应当具有2年以上基层工作经历；

（四）一般应当在本级机关工作2年以上，年度考核没有基本称职以下等次；

（五）具有公开遴选职位要求的工作能力和任职经历；

（六）报名参加中央机关、省级机关公开遴选的一般应当具有大学本科以上文化程度，报名参加市（地）级机关公开遴选的一般应当具有大学专科以上文化程度；

（七）具有正常履行职责的身体条件和心理素质；

（八）公务员主管部门规定的其他资格条件；

（九）法律法规规定的其他条件。

前款第（三）、（四）、（六）项所列条件，根据需要，经省级以上公务员主管部门批准，可以适当调整。

报考行政机关中行政处罚决定审核、行政复议、行政裁决、法律顾问等职位的，应当取得法律职业资格。

公务员主管部门和公开遴选机关不得设置与职位要求无关的报名资格条件。

第十三条　公务员有下列情形之一的，不得参加公开遴选：

（一）被开除中国共产党党籍的；

（二）被依法列为失信联合惩戒对象的；

（三）涉嫌违纪违法正在接受有关专门机关审查调查尚未作出结论的；

（四）受到诫勉、组织处理或者党纪政务处分等影响期未满或者期满影响使用的；

（五）按照有关规定，到乡镇机关、艰苦边远地区以及定向单位工作未满最低服务年限或者对转任有其他限制性规定的；

（六）尚在试用期或者提拔担任领导职务未满1年的；

（七）法律法规规定的其他情形。

第十四条　报名人员不得报考任职后即构成公务员法第七十四条第一款所列情形的职位，也不得报考与本人有夫妻关系、直系血亲关系、三代以内旁系血亲关系以及近姻亲关系的人员担任领导成员的用人单位的职位。

第十五条 报名人员应当向公开遴选机关提交报名需要的相关材料，提交的材料应当真实、准确、完整。

公开遴选机关按照职位资格条件对报名人员提交的材料进行审查，确定报名人员是否具有报名资格。资格审查贯穿公开遴选全过程。

第四章 考 试

第十六条 考试一般采取笔试和面试等方式进行。考试内容根据不同职位类别、不同层级机关公务员应当具备的能力素质分别设置，重点测查用习近平新时代中国特色社会主义思想指导分析和解决问题的能力。

第十七条 面试人选根据笔试成绩由高到低的顺序确定。

第十八条 面试应当组成面试考官小组，其中公开遴选机关以外的考官应当占一定比例。面试考官应当公道正派，熟悉公开遴选职位相关业务，具有干部测评相关经验。

第十九条 公开遴选机关根据职位需要，经公务员主管部门同意，可以对报名人员进行职位业务水平测试、心理素质测评、体能测评等。

第五章 考 察

第二十条 公开遴选采取差额考察的办法，考察人数与计划遴选人数的比例一般不高于2：1。考察对象根据考试成绩等确定。

第二十一条 公开遴选机关对考察对象的德、能、勤、绩、廉情况以及职位匹配度等进行全面考察，突出政治标准，深入考察政治忠诚、政治定力、政治担当、政治能力、政治自律等方面情况，重点考察政治理论学习情况、制度执行力、履职能力、工作实绩和群众公认程度，严把政治关、品行关、能力关、作风关、廉洁关，并据实形成书面考察材料。

第二十二条 考察可以采取个别谈话、民主测评、实地走访、同考察对象面谈等方法，根据需要还可进行专项调查、延伸考察等，充分听取考察对象所在单位有关领导、群众和组织（人事）部门、纪检监察机关、机关党组织的意见，并审核干部人事档案、查询社会信用记录，对反映问题线索具体、有可查性的信访举报进行核查。考察对象需要报告或者查核个人有关事项、进行经济责任审计的，按照有关规定执行。

对在基层一线窗口单位工作的考察对象，注重听取服务对象的意见。

第二十三条 公开遴选机关派出 2 名以上人员组成考察组。考察组一般由组织（人事）部门的人员和熟悉公开遴选职位情况的人员共同组成。

第二十四条 考察对象所在机关应当配合考察组工作，客观、真实反映有关情况。

第二十五条 公开遴选机关根据职位需要，经公务员主管部门同意，可以对报名人员进行体检。

第六章 决定与任职

第二十六条 公开遴选机关根据考察情况和职位要求，按照干部管理权限，集体讨论决定拟任职人员。

第二十七条 对拟任职人员应当进行公示，公示期不少于5个工作日。

公示期满，对没有问题或者反映问题不影响任用的，报公务员主管部门审批或者备案；对反映有严重问题并查有实据的，取消公开遴选资格，并将有关情况通报其所在机关组织（人事）部门。

第二十八条 对拟任职人员可以设置试用期，一般不超过6个月。试用期内，拟任职人员在原工作单位的人事工资关系、待遇不变。试用期满考核合格的，按照有关规定办理调动和任职手续；考核不合格的，回原单位工作，相关情况报送公务员主管部门。

对拟任职人员未设置试用期的，在报公务员主管部门审批或者备案后，按照有关规定办理调动和任职手续。

拟提拔担任领导职务的，试用期按照有关规定执行。

第七章 纪律与监督

第二十九条 公开遴选工作人员存在应当回避情

形的，按照有关规定执行。

第三十条 有下列情形之一的，由公务员主管部门视情况予以责令纠正或者宣布无效；根据情节轻重，依规依纪依法追究负有责任的领导人员和直接责任人员责任，涉嫌违法犯罪的，移送有关国家机关依法处理：

（一）不按照规定的编制限额、职数和职位要求进行的；

（二）不按照规定的任职资格条件和程序进行的；

（三）未经授权，擅自出台、变更公开遴选政策，造成不良影响的；

（四）公开遴选工作中徇私舞弊的；

（五）发生泄露试题、违反考场纪律以及其他影响公平、公正行为的。

第三十一条 公开遴选工作人员有下列情形之一的，根据情节轻重，依规依纪依法追究责任；涉嫌违法犯罪的，移送有关国家机关依法处理：

（一）泄露试题和其他公开遴选秘密信息的；

（二）利用工作便利，伪造考试成绩或者其他有关资料的；

（三）利用工作便利，协助参加遴选人员作弊的；

（四）因工作失职，影响公开遴选工作正常进行的；

（五）违反公开遴选工作纪律的其他行为。

第三十二条 对违反公开遴选纪律的报名人员，按照有关规定处理，并根据情节轻重，依规依纪依法追究责任；涉嫌违法犯罪的，移送有关国家机关依法处理。

第三十三条 公开遴选工作接受监督。公务员主管部门、公开遴选机关、考试机构和相关部门应当及时受理举报、申诉，并按照规定权限和程序处理。

第八章 附 则

第三十四条 参照公务员法管理的机关（单位）中除工勤人员以外的工作人员的公开遴选，参照本办法执行。

第三十五条 本办法由中共中央组织部负责解释。

第三十六条 本办法自发布之日起施行。

公务员转任规定

（2020年12月8日中共中央组织部制定　2020年12月28日发布）

第一章　总　　则

第一条　为了规范公务员转任工作，促进公务员合理流动，增强公务员队伍活力，强化权力运行制约，建设信念坚定、为民服务、勤政务实、敢于担当、清正廉洁的高素质专业化公务员队伍，根据《中华人民共和国公务员法》等有关法律法规，制定本规定。

第二条　公务员转任，是指公务员在公务员队伍内部不同职位之间的交流或者交流到参照公务员法管理的机关（单位）工作人员职位。

公务员在同一领导职务层次、同一或者相当职级层次的转任，适用本规定。

法律法规对公务员中领导成员以及监察官、法官、检察官等转任另有规定的，公务员转任中涉及领导职务和职级升降、领导职务和职级互相转任的，按照有关规定办理。

第三条 公务员转任工作坚持以马克思列宁主义、毛泽东思想、邓小平理论、“三个代表”重要思想、科学发展观、习近平新时代中国特色社会主义思想为指导，贯彻新时代党的组织路线和干部工作方针政策，加强党对公务员队伍的集中统一领导，坚持下列原则：

（一）党管干部；

（二）事业为上、人岗相适、人事相宜；

（三）公道正派；

（四）依法依规办事。

第四条 公务员转任应当在规定的编制限额和职数内，并有相应的职位空缺，依照规定的权限和程序进行。

转任的公务员应当具备拟任职位所要求的政治素质、工作能力、文化程度等方面的资格条件。

第五条 各级公务员主管部门按照管理权限和职责分工负责公务员转任工作的综合管理、业务指导和监督检查。根据工作需要，可以在本辖区内组织实施跨地区、跨部门公务员转任。

各级机关应当建立健全公务员定期转任制度，按照管理权限负责公务员转任的组织实施。

第二章　转任对象和情形

第六条　转任的对象主要是下列人员：

（一）因工作需要转任的；

（二）优化队伍结构需要的；

（三）需要通过转任提高能力素质的；

（四）在同一职位工作时间较长的；

（五）按照规定需要回避的；

（六）因其他原因需要转任的。

第七条　担任机关内设机构领导职务的公务员在同一职位工作满 10 年的，不担任领导职务的公务员在组织、人事、纪检、监察、审计、财务、项目和资金审批、招标采购、行政许可、行政处罚等同一职位工作满 10 年的，应当转任。因工作特殊需要暂缓转任的，应当按照管理权限报公务员主管部门同意。

第八条 公务员有下列情形之一的，一般不得转任：

（一）试用期未满的；

（二）正在接受纪律审查、监察调查，或者涉嫌犯罪，司法程序尚未终结的；

（三）法律法规规定的其他不得转任的情形。

第九条 乡镇机关新录用公务员工作未满规定的最低服务年限的，不得转任到上级机关。

第十条 各级公务员主管部门和机关应当采取有效措施，激励、引导和支持公务员转任到艰苦边远地区、基层一线或者服务保障重大战略、重大工程、重大项目、重点任务的职位工作。

第三章 转任程序和要求

第十一条 同一机关内部开展公务员转任的，一般由本机关按照以下程序办理：

（一）确定转任职位及相关资格条件，研究提出拟转任人选。

（二）按照管理权限研究决定。

（三）办理任免职手续。需要报批或者备案的，按照有关规定办理。

第十二条 机关开展跨地区、跨部门公务员转任的，一般由转入机关或者其上级机关按照以下程序办理：

（一）根据需要制定工作方案，确定转任职位及相关资格条件。

（二）研究提出拟转任人选。

（三）征求转出机关意见，根据有关规定和工作需要组织考察。

（四）按照管理权限研究决定。

（五）办理任免职等相关手续。需要报批或者备案的，按照有关规定办理。

第十三条 公务员主管部门在本辖区内开展公务员跨地区、跨部门转任的，一般按照以下程序办理：

（一）制定工作方案，确定转任职位及相关资格条件。

（二）公务员主管部门会同相关机关研究提出拟转任人选，或者直接提出拟转任人选。

（三）根据有关规定和工作需要组织考察。

（四）转入机关或者其上级机关按照管理权限研究决定。

（五）办理任免职等相关手续。需要报批或者备案的，按照有关规定办理。

第十四条 对公务员本人申请的转任，机关认为确有需要的，参照本规定第十一条、第十二条、第十三条的规定办理。

第十五条 转入机关应当及时与转任后的公务员进行谈心谈话，根据工作需要进行培训，加强关心关爱和指导帮助。

第十六条 转出机关应当配合转入机关做好考察等工作，如实反映拟转任人选真实情况，及时转递干部人事档案，转移行政关系、工资关系等。

第四章 纪律与监督

第十七条 开展公务员转任，应当遵守下列纪律：

（一）不得突破编制限额、职数；

（二）不得突破资格条件；

（三）不得违反规定程序；

（四）不得借机突击调整职位或者突击晋升领导职务、职级；

（五）不得滥用职权、玩忽职守、徇私舞弊；

（六）对同一人员不得频繁转任。

第十八条 对违反本规定的转任事项，呈报的不予批准或者备案，已经作出决定的宣布无效；根据情节轻重，依规依纪依法追究负有责任的领导人员和直接责任人员责任。

第十九条 公务员应当服从转任决定，在 10 个工作日内办理公务交接等手续。对无正当理由拒不服从组织转任决定、拒不办理公务交接手续的，依规依纪依法予以免职或者降职使用，并视情节轻重给予处分。

第五章 附 则

第二十条 市（地）级以上机关通过公开遴选方式从下级机关转任公务员，按照有关规定执行。

第二十一条 参照公务员法管理的机关（单位）中除工勤人员以外的工作人员在队伍内部不同职位之间的转任或者转任到公务员职位，参照本规定执行。

第二十二条 本规定由中共中央组织部负责解释。

第二十三条 本规定自发布之日起施行。

公务员辞去公职规定

（2009年7月9日中共中央组织部部务会会议审议批准　2009年7月24日中共中央组织部、人力资源社会保障部发布　2020年12月8日中共中央组织部部务会会议修订　2020年12月28日中共中央组织部发布）

第一章　总　　则

第一条　为了规范公务员辞去公职工作，保障机关和公务员的合法权益，建设信念坚定、为民服务、勤政务实、敢于担当、清正廉洁的高素质专业化公务员队伍，根据《中华人民共和国公务员法》等有关法律法规，制定本规定。

第二条　公务员辞去公职，是指公务员依照法律法规规定，申请终止与任免机关的任用关系。

法律法规对公务员中领导成员以及监察官、法官、检察官等辞去公职另有规定的，按照有关规定办理。

第三条 公务员辞去公职工作坚持以马克思列宁主义、毛泽东思想、邓小平理论、“三个代表”重要思想、科学发展观、习近平新时代中国特色社会主义思想为指导，贯彻新时代党的组织路线和干部工作方针政策，加强党对公务员队伍的集中统一领导，坚持下列原则：

（一）党管干部；

（二）尊重个人意愿和从严审核审批相结合；

（三）保障合法流动和加强离职后从业管理相结合；

（四）依法依规办事。

第四条 各级公务员主管部门按照管理权限和职责分工负责公务员辞去公职工作的综合管理、业务指导和监督检查。各级机关按照管理权限负责公务员辞去公职的审核、审批、从业限制期限内从业情况的了解核查等工作。

第二章　辞去公职情形和程序

第五条　公务员辞去公职，应当依照法定的情形、权限和程序办理。

第六条　公务员有下列情形之一的，不得批准辞去公职：

（一）未满国家规定的最低服务年限的；

（二）在涉及国家秘密等特殊职位任职或者离开上述职位不满国家规定的脱密期限的；

（三）正在接受审计，或者重要公务尚未处理完毕且须由本人继续处理的；

（四）正在接受纪律审查、监察调查，或者涉嫌犯罪，司法程序尚未终结的；

（五）法律、行政法规规定的其他不得辞去公职的情形。

第七条　公务员辞去公职，按照下列程序办理：

（一）本人向任免机关提出书面申请，填写《公务员辞去公职申请表》。担任县处级副职以上领导职务或者二级调研员及相当层次以上职级的，应当一并报告个人有关事项。

（二）组织人事部门审核，重点审核公务员是否具有不得辞去公职或者辞去公职后的从业限制情形，并征求其所在单位和纪检监察机关、保密等部门的意见。同时，提醒其严格遵守从业限制规定，告知违规从业须承担的法律责任。

（三）任免机关审批，作出同意或者不同意辞去公职的批复。同意辞去公职的，应当同时免去其所任领导职务、职级。其中，对需要进行经济责任审计的，应当事先按照有关规定进行审计。

（四）任免机关将批复送公务员所在单位和申请辞去公职的公务员。

（五）同意辞去公职的，办理公务交接手续。

（六）将同意辞去公职的批复和《公务员辞去公职申请表》等存入本人人事档案，同时将批复送同级公务员主管部门备案。

第八条 任免机关应当自接到公务员辞去公职申请之日起30日内予以审批，其中，对领导成员辞去公职的申请，应当自接到申请之日起90日内予以审批。

第九条 经批准辞去公职的公务员办理公务交接手续，应当自批准之日起10个工作日内完成。

对拒不办理公务交接手续的，撤销同意辞去公职的决定，给予开除处分。

第十条 公务员申请辞去公职未予批准的，可以按照规定申请复核或者提出申诉。复核、申诉期间不停止该人事处理决定的执行。

第十一条 公务员在辞去公职审批期间不得擅自离职。对擅自离职的，给予开除处分。

第十二条 公务员与所在机关因专项培训等订立协议约定工作期限的，在未满约定工作期限内一般不得申请辞去公职。申请辞去公职的，应当向所在机关支付违约金或者履行相应义务。

机关要求申请辞去公职公务员支付的违约金数额不得超过约定工作期限尚未履行部分所应分摊的培训费用，最高数额不得超过机关提供的专项培训费用。

第三章 管理与纪律

第十三条 公务员辞去公职后，不再具有公务员身份，自批准之日的次月起停发工资，社会保险按照有关规定执行。

第十四条 公务员辞去公职后，原所在机关应当自批准之日起 2 个月内将其人事档案转递至相应的人事档案工作机构、公共就业和人才服务机构或者本人户籍所在地社会保障服务机构。具体按照人事档案工作有关规定办理。

本人应当配合转递人事档案，未予配合的，其后果由本人承担。

第十五条 公务员辞去公职后重新就业的，在计算工作年限时，其辞去公职前在机关的工作年限合并计算。

第十六条 公务员辞去公职的，原系领导成员、县处级以上领导职务的公务员在离职 3 年内，不得接受原任职务管辖地区和业务范围内的企业、中介机构或者其他营利性组织的聘用，不得从事与原任职务管辖业务直接相关的营利性活动；其他公务员在离职 2 年内，不得接受与原工作业务直接相关的企业、中介机构或者其他营利性组织的聘用，不得从事与原工作业务直接相关的营利性活动。

前款所称原任职务，是指公务员辞去公职前3年内担任过的领导职务；原工作业务，是指公务员辞去公职前3年内从事过的工作业务。

第十七条 公务员辞去公职后，在从业限制期限内，应当于每年年底前向原所在机关报告从业情况。原所在机关应当同时对其从业情况进行了解和核实，对是否违反从业限制规定作出认定。

省级以上具有行业监管、行政许可、行政处罚、司法等职能的机关，应当结合实际建立公务员辞去公职后从业行为限制清单，并报同级公务员主管部门备案。

第十八条 公务员辞去公职后有违反本规定第十六条规定行为的，原所在机关应当及时告知同级公务员主管部门。公务员主管部门会同其原所在机关责令限期解除与接收单位的聘用关系或者终止违规经营活动；逾期不改正的，按照公务员法第一百零七条规定，由县级以上市场监管部门没收该人员从业期间的违法所得，责令接收单位将该人员予以清退，并根据情节轻重，对接收单位处以被处罚人员违法所得1倍以上5倍以下的罚款。

第十九条 在公务员辞去公职工作中，对有不按照规定的条件和程序审核、审批以及从业限制管理等情形的，予以责令纠正；根据情节轻重，依规依纪依法追究负有责任的领导人员和直接责任人员责任。

第四章 附 则

第二十条 参照公务员法管理的机关（单位）中除工勤人员以外的工作人员辞去公职，参照本规定执行。

第二十一条 本规定由中共中央组织部负责解释。

第二十二条 本规定自发布之日起施行。

附件：略

公务员辞退规定

（2009年7月9日中共中央组织部部务会会议审议批准　2009年7月24日中共中央组织部、人力资源社会保障部发布　2020年12月8日中共中央组织部部务会会议修订　2020年12月28日中共中央组织部发布）

第一章　总　　则

第一条　为了规范公务员辞退工作，保障机关和公务员的合法权益，建设信念坚定、为民服务、勤政务实、敢于担当、清正廉洁的高素质专业化公务员队伍，根据《中华人民共和国公务员法》等有关法律法规，制定本规定。

第二条　公务员辞退，是指机关依照法律法规规定，解除与公务员的任用关系。

法律法规对监察官、法官、检察官等辞退另有规定的，按照有关规定办理。

第三条 公务员辞退工作坚持以马克思列宁主义、毛泽东思想、邓小平理论、“三个代表”重要思想、科学发展观、习近平新时代中国特色社会主义思想为指导，贯彻新时代党的组织路线和干部工作方针政策，加强党对公务员队伍的集中统一领导，坚持下列原则：

（一）党管干部；

（二）从严管理；

（三）公道正派；

（四）依法依规办事。

第四条 各级公务员主管部门按照管理权限和职责分工负责公务员辞退工作的综合管理、业务指导和监督检查。各级机关按照管理权限负责公务员辞退的审核、审批等工作。

第二章 辞退情形和程序

第五条 辞退公务员，应当依照法定的情形、权限和程序办理。

第六条 公务员有下列情形之一的，予以辞退：

（一）在年度考核中，连续2年被确定为不称职的；

（二）不胜任现职工作，又不接受其他安排的；

（三）因所在机关调整、撤销、合并或者缩减编制员额需要调整工作，本人拒绝合理安排的；

（四）不履行公务员义务，不遵守法律和公务员纪律，经教育仍无转变，不适合继续在机关工作，又不宜给予开除处分的；

（五）旷工或者因公外出、请假期满无正当理由逾期不归连续超过15个工作日，或者1年内累计超过30个工作日的。

第七条 对有下列情形之一的公务员，不得辞退：

（一）因公致残，被确认丧失或者部分丧失工作能力的；

（二）患病或者负伤，在规定的医疗期内的；

（三）女性公务员在孕期、产假、哺乳期内的；

（四）法律、行政法规规定的其他不得辞退的情形。

第八条 辞退公务员，按照下列程序办理：

（一）所在单位在核准事实的基础上，提出建议并填写《辞退公务员审批表》报任免机关。

（二）组织人事部门审核。

（三）任免机关集体讨论，审批并作出辞退决定。对拟辞退且按照规定需要进行经济责任审计的，应当事先对其进行审计。

任免机关根据有关规定可以直接作出辞退决定。

县级以下机关辞退公务员，由县级公务员主管部门审核并报县级党委审批后作出决定。

（四）作出辞退决定的，应当向被辞退公务员送达《辞退公务员通知书》，告知辞退依据和理由，同时将辞退决定送呈报单位。

（五）办理公务交接手续。

（六）将《辞退公务员审批表》和辞退决定等存入本人人事档案，同时将辞退决定送同级公务员主管部门备案。

第九条 任免机关在办理公务员辞退时，对正在接受审计、纪律审查、监察调查，或者涉嫌犯罪，司法程序尚未终结的，暂缓审批。

第十条 《辞退公务员通知书》应当在作出辞退决定后10个工作日内送达本人。

第十一条 被辞退公务员办理公务交接手续，应当自《辞退公务员通知书》送达之日起10个工作日内完成。

对拒不办理公务交接手续的，撤销辞退决定，给予开除处分。

第十二条 被辞退公务员对辞退决定不服的，可以按照规定申请复核或者提出申诉。复核、申诉期间不停止辞退决定的执行。

第三章 管理与纪律

第十三条 公务员被辞退后，不再具有公务员身份，其所任领导职务、职级自然免除，自作出辞退决定之日的次月起停发工资。

第十四条 被辞退公务员原系涉密人员的，应当按照有关规定进行脱密期管理。

第十五条 公务员被辞退后，原所在机关应当自作出辞退决定之日起2个月内将其人事档案转递至相应的人事档案工作机构、公共就业和人才服务机构或者本人户籍所在地社会保障服务机构。具体按照人事档案工作有关规定办理。

本人应当配合转递人事档案，未予配合的，其后果由本人承担。

第十六条 被辞退公务员已参加失业保险的，根据国家有关规定享受失业保险待遇；未参加失业保险的，领取辞退费。其他社会保险按照有关规定执行。

第十七条 辞退费由接收人事档案的相关服务机构按月发放。原所在机关应当在人事档案转出后15个工作日内，将辞退费一次性拨付。相关服务机构发放确有困难的，由原所在机关按月发放。

公务员被辞退前连续工作满1年以上的，自被辞退的次月起发放辞退费。

辞退费发放标准为公务员被辞退时所任领导职务、职级对应的基本工资。

辞退费发放期限根据被辞退公务员在机关的工作年限确定。工作年限不满2年的，按照3个月发放；满2年的，按照4个月发放；2年以上的，每增加1

年增发 1 个月，但最长不得超过 24 个月。

第十八条 出现下列情形之一的，辞退费停发：

（一）重新就业；

（二）应征服兵役；

（三）移居国（境）外；

（四）被判处刑罚；

（五）享受基本养老保险待遇；

（六）死亡。

被辞退公务员有前款第（一）、（二）、（三）、（四）、（五）项情形之一的，应当主动告知相关服务机构或者原所在机关。

由相关服务机构发放辞退费且有前款所列情形未发放的，应当将辞退费返还被辞退公务员原所在机关。

第十九条 辞退公务员所需经费，应当列入财政预算，予以保障。

第二十条 公务员被辞退后重新就业的，在计算工作年限时，其被辞退前在机关的工作年限合并计算。

第二十一条 在辞退公务员工作中，对有滥用职权、徇私舞弊、打击报复、弄虚作假等行为的，区别不同情况，予以责令纠正或者宣布无效；根据情节轻重，依规依纪依法追究负有责任的领导人员和直接责任人员责任。

第四章　附　　则

第二十二条　辞退参照公务员法管理的机关（单位）中除工勤人员以外的工作人员，参照本规定执行。

第二十三条　本规定由中共中央组织部负责解释。

第二十四条　本规定自发布之日起施行。

附件：略

图书在版编目（CIP）数据

中华人民共和国公务员法：附配套规定：大字版／中国法制出版社编．—北京：中国法制出版社，2022.11

ISBN 978-7-5216-3051-0

Ⅰ.①中… Ⅱ.①中… Ⅲ.①公务员法-中国 Ⅳ.①D922.11

中国版本图书馆 CIP 数据核字（2022）第 199020 号

中华人民共和国公务员法：附配套规定：大字版

ZHONGHUA RENMIN GONGHEGUO GONGWUYUANFA：FU PEITAO GUIDING：DAZIBAN

经销/新华书店
印刷/河北华商印刷有限公司
开本/880 毫米×1230 毫米 32 开　　印张/6.75　字数/78 千
版次/2022 年 11 月第 1 版　　2022 年 11 月第 1 次印刷

中国法制出版社出版
书号 ISBN 978-7-5216-3051-0　　定价：27.00 元

北京市西城区西便门西里甲 16 号西便门办公区
邮政编码：100053　　传真：010-63141600
网址：http：//www.zgfzs.com　　编辑部电话：010-63141673
市场营销部电话：010-63141612　　印务部电话：010-63141606

（如有印装质量问题，请与本社印务部联系。）